解除寫作的夢魘

—— 小學生作文病句的診斷與補救途徑

李麗娜　著

目次

第一章　緒論

　　研究者從事教育工作二十年，在教改浪潮中，深感小學生作文呈現每況愈下的現象，形成國小學生作文欠佳的原因，除了國語文授課時數的減少以外，教育現場老師們不正確的指導亦為重要因素。

　　在國語科的教學方面，由於教師的專業不足，容易忽略特別重要的語法的教學；許多老師並不知道語法的關鍵性，不了解語法在病句的修改及語言的表達與運用等面向佔有舉足輕重的地位。也由於教師不諳語法，導致對於學生的指導有限，致使病句產生的機率提高。因此，研究者收集小學生的作文語料，從而分析學童作文中的病句，並從語法的根基上歸納出特定類型，再根據研究結果提出教學上的建議，除了精進研究者本身之專業素養，更期盼能達成提升學童國語文之使用能力。本章分別說明本文的研究動機與研究目的、研究問題、研究範圍及其限制。

第一節　研究動機

　　研究者所服務的學校，在作文的教學現場，學生寫錯字、用錯詞之現象是不足為奇，有些學生的作文錯誤，老師在進行評閱

時，根本無法找出學生錯在哪裡？從以下的報導中也發現：老師把學生正確的字反而改錯，造成學生與家長無所適從的現象，因此實在有必要好好探討「師生錯一窩」的原因了。

> 學生寫錯字、老師改「錯」，師生錯一窩。臺中縣一名國小學童把「顯著」寫成「顯注」，老師改為「顯住」，師生一起錯，讓督學看傻眼。有的教師雖修教育學分，有如「速食」學分，不了解兒童心智發展，建議應加強教師專業研習。學生錯字連篇，但少數教師也好不到那兒去。也有學生寫「遊學」並沒錯，但老師改成「游學」；把「協助」寫成「拹助」、「防制」與「防治」不分。（陳秋雲，2007）

何萬貫在〈中學中文教師判別、描述和修正作文語誤的能力〉一文中提到：教師在描述語誤時，多採用「印象式」的方法，憑「語感」去判斷一句話「通」還是「不通」。他們在腦子裡並不會想到語法問題。其研究結果顯示：老師改正學生作文語誤的能力不大理想，描述語誤能力更差（何萬貫，2006）。我想，這個問題存在於香港，更存在臺灣的小學教學現場，所以才有「師生一起錯，讓督學看傻眼」的事情發生。

研究者試圖了解國中、小學之基礎語文教學現場，究竟發生了什麼問題，讓大家感嘆孩子的中文能力「一代不如一代」？2007年國中基測加考作文，讓沈寂多時的作文教學，再度成為教育當局重視之課程，作文補習班亦如雨後春筍般到處林立，近兩成的家長已經讓孩子上作文補習班。由此可見，國中基測加考作文的震撼有多大？只是速食的作文教學後，成效究竟如何？從2007年的國中基測學生作文的內容可看出端倪：

去年的國中基測試題，看到了一些令人嘖嘖稱奇、啼笑皆非的「奇作奇句」。例如：「夏天會使人慾火焚身」、「夏天真是熱極了，簡直是熱死人不償命！」有人寫海灘游泳：「到了海灘，二話不說，馬上脫掉衣服，一絲不苟地跳進海中。」有人寫狂吹冷氣：「夏天最棒的享受是吹冷氣，讓冷氣吹得我油盡燈枯。」（王彩鸝，2007）

以上的新聞內容，讓我們不得不對現今的教育問題重新加以省思：基測加考作文的決定反覆不定，教育制度朝令夕改，讓受教者及教學者無所適從；學生、老師錯成一團，究竟是早已存在的問題，或是國中基測加考作文後所披露出來的困境？恐怕也無從探索。老師們因應不斷推陳出新的教育改革已欲振乏力，遑論追求專業領域的成長？而古有名訓：「學如逆水行舟，不進則退」。沒有進步的老師，如何能以過去所學，指導當今的學童去適應未來的社會？我們不禁要思考：學生的國語文程度下降，老師們無法找出學生錯在哪裡？教師的國語文專業受到質疑，到底是誰的錯？

研究者服務於教育的第一線，每天接觸如海棉般吸收知識的莘莘學子，學生們的優缺與良窳，代表著教學者與學習者互動的成果。面對學生作文的指導與批閱常有說不出的窘境及為難，二十年的教學過程中，研究者在指導學生寫作教學方面，有時候真的有一種強烈的「一屆不如一屆」的無力感，無論是文章的通達順暢或句意明白、標點清楚……總讓人覺得孩子們的作品真是「慘不忍睹」，如果偶有佳作，也是補習的成果。雖經長期的努力，仍感到學生的進步極為有限，或許研究者寫作指導之專業能力不

足，因而想「進一步了解」如何指導學生寫作，才能讓學生語文使用能力進步？

　　語言是溝通的工具，文字是語言的轉換，國語文寫作教學重視「我手寫我口」觀念的落實。因此，透過說、寫的結合表達完整的思想與理念；句子是語言運用的基本單位，句子使用得宜，寫作就顯得順暢而無瑕疵，對於句子為何錯？錯的原因在哪裡？錯的類型有哪些？都是研究者值得思考的面向。研究者藉由學生作文的病句收集，針對病句呈現的原因，利用有根據的語法專業批、評，而不是印象式的批改，讓自己成為具有進修企圖心而且專業的教學者。

第二節　研究目的

　　寫作最基本的要求：文句通順達意，減少病句產生。如果能讓讀者有一氣呵成流利通順的感覺，就不至於詞不達意。我們也相信語言是一切學習的基石，語文能力不好，解讀其他學習領域的能力就會降低，學習成效將大打折扣。

　　教育部的九年一貫課程綱要中亦指出，本國語文的基本概念在於培養學生正確理解和應用本國語言文字的能力。而作文正是語文學習運用的最佳代表，九年一貫課程綱要國語文之能力指標中明白指出。

F-1-2　能擴充詞彙，正確的遣辭造句，並練習常用的基本句型。
F-2-2　能正確流暢的遣辭造句、安排段落、組織成篇。

F-2-5　能具備自己修改作文的能力，並主動和他人交換寫作心得。

F-2-5-1　能從內容、詞句、標點方面，修改自己的作品。

句型建構能力是語文能力的奠基，除了影響學童在語文方面的後續學習外，也會影響學童對各科的理解與聯結，而語文學科又是各學科學習的基石，不論是人文學科的歷史、地理，或是科學領域的自然、數學等，均有賴語文作基礎，因此為了替未來主人翁著想，學生的寫作句型，其建構能力的培養，我們不可忽視。基於上述的研究動機，本研究的目的是希望透過這個研究，喚起各位教育第一線的老師省思，達到下列目的，以為解除學生寫作及教師批改的夢魘：

（1）了解國語的基本句型。

（2）探究語法的性質和重要性。

（3）推測作文病句形成的原因。

（4）了解國小學童最常出現的病句類型。

（5）提出補救國小學童最常出現病句的具體作法。

第三節　研究問題

根據以上的研究目的，本研究試圖回答以下問題：

一、國小學童作文中，出現詞語運用的語法錯誤類型有哪些？

二、國小學童作文中，出現句子結構的語法錯誤類型有哪些？

三、國小學童作文中，出現語意表達的語法錯誤類型有哪些？

四、國小學童的作文病句的原因及其補救途徑為何？

　　教學現場，總有很多的意外，這個意外，可能來自於作文課，可能來自於一個造句練習、或是一個詞語的運用有爭議、使用了突兀，不按牌理出牌的詞語，所以老師們熱烈的討論著。這情形，在學校辦公室內經常出現，只是沒有系統性的解決之道；有時不了了之，有時引起老師之間的暗自較勁。其實語文病句問題面向很多種，如果有個方法，讓老師們有個依循指標，又能解決問題不是很好嗎？

　　那一種錯誤類型最多，是什麼原因造成？如何改善這種錯誤的產生？是本研究亟待知道的答案。

第四節　研究範圍及其限制

一、研究範圍

　　本研究係以雲林縣 T 國小高年級四個班級一百二十篇作文為研究樣本，分析國小學生書面語的表達及運用的錯誤現象。作文病句的語料來自於本校高年級學生的作文，共計學生人數一百二十三人，每人一篇，合計一百二十三篇，二百七十句病句。

二、研究限制

　　探討以上問題時，本研究的限制如下：

（一）限於研究人力不足之故，本研究的樣本為雲林縣 T 國小高年級四個班，一百二十三個學生的作文各一篇，所以研究分析結果不宜過度推論。

（二）學童寫作錯誤類型繁多，有錯別字、缺漏字、未標示標點符號或標錯、段落不分或分段錯誤不妥……等等，而本研究僅以「句子」為單位，探討高年級學童在作文中所出現的句法錯誤的句子，並以陳光明的「國語教科書中病句的類型」觀為主要分類依據（陳光明，2007），配合孟建安於「漢語病句修辭」的分類方法：「語意表達」和「句子結構」為輔（孟建安，2000），並參考曾雅文的研究論文《國中學生作文病句研究》之錯誤類型及文史通訊的分項：「語義」病句：1、用詞不當；2、不合邏輯；3、語義重複、殘缺、多餘；4、表意不明；5、修辭不善；6、口語夾雜。「結構」病句：1、成分搭配失當；2、破壞結構；3、語序失當；4、結構雜糅；5、句子冗長；6、關聯錯亂；7、指代不明等（曾雅文，2003），修正本研究的病句類型，此外，因取向關係，暫時無法擴及句子以上「病症」的研究。

　　根據九年一貫能力指標，國小高年級學生的識字是2200 到 2700 句（詳見附錄五），所以在句子的使用上本來就不成熟，一來因為他們所學有限，二來課程的改變，讓國小高年級學生的學習流於機械式的文章欣賞；上課時數不足，讓老師很難在課堂上為學生作「問題釐清」的教學。再則，教師的專業不足，可能才是問題的癥結。

　　綜合各分類之後，本研究的病句分類如下：

1、詞語方面：詞類的誤用、用詞不當、生造詞語。
2、語法結構：成分殘缺不全、搭配不當、成分多餘、語序紊亂、句式雜糅。

3、語義方面：歧義、句意費解、概念運用不當、判斷不恰當、
　　　　　　不合邏輯、語意重覆。

除了上述三大分類外，因為本研究不去涉及，所以也是限制。

第二章　文獻回顧

　　寫作，開啟思考力大門。寫作，開啟的不僅是一道道溝通的大門，更是培養下一代思考力的關鍵。

　　即使在網路科技成為主要溝通工具的年代，寫作力仍能重新躍上檯面成為各國重視的基本能力。

　　日本掀起日本語學習熱、香港從根本改善中文課程，以提升港人的語文能力、澳洲進行百年難得的語文教育大調查，找出最佳的語言教學方法，瑞典、芬蘭更透過課程設計、圖書館的推廣，讓閱讀與寫作成為全民運動。(《天下雜誌》，2007)

由此可見，「寫作」是語文學習的最佳能力鑑別方法之一，並非僅有漢語族群重視「寫作」，它也是世界潮流，先進國家亦掀起重視「寫作」的熱潮，我們當然要把握優勢，創造更具競爭力的實力。

第一節　研究病句的專論

一、金錫謨（1995）

　　金錫謨的《語病求醫》於1995年出版，其主旨在於發現語病、分析語病、改止語病，是處置語病三個緊密相連的環節。要善於

將它們有機地統一起來、協調起來，以便收到最適時最恰當的處置，保證語言的正確選用。本書分成七個章節：

（一）白米粥香，惜雜沙墋——詞語選用中的錯誤。

　　1.用錯詞義。

　　2.錯用感情色彩。

（二）結構失當，句意有誤——句子選用中的錯誤（一）。

（三）手段誤用，句列混亂——句子選用中的錯誤（二）。

（四）雜亂無主，語連無章——句組選用中的錯誤。

（五）潤飾無方，弄巧成拙——修辭選用中的錯誤。

（六）事不副實，情不入理——語言選用中的邏輯錯誤。

（七）肌體不健，集病一身——語言選用中的語病綜合症。

二、呂叔湘、朱德熙（2002）

　　呂叔湘與朱德熙合著的《語法修辭講話》，此書共分六講：（一）語法的基本知識；（二）詞彙；（三）虛字；（四）結構；（五）表達；（六）標點。其主要意旨在於協助學習寫文章的人理解句子正確依循之句法。此書的語料來源有各書籍、報章雜誌、大學及中學學生的習作中截取作為範例並進行分析。

　　「詞彙」，從詞性、詞義、同義詞、詞的配合、幾個常用的詞、文言詞語、生造詞語、簡稱等進行解釋；「虛字」，從（代詞「們」）、（數量、比較）、（的）、（和、跟、同、與、及、並）、（著、了）、（把、被）、（對於、關於）、（在、從、當）、（因為、為了、由於、結果、使）、（與否定和疑問有關的虛字）、（其他虛字）、（文言虛字）等依序分析；「結構」，從主語、賓語、表語、附加語……主

要是討論結構方面常見的錯誤，如句子中的成分殘缺、搭配不當、詞語次序、結構混亂等問題作分析。「表達」，依明確、簡潔、生動的原則，從邏輯、費解、歧義、堆砌、重複、繁冗……層次、修辭雜例等角度作解釋；「標點」，從制定的「標點符號用法」，談其功用不僅僅是斷句而已，也對標點符號的用法及錯誤用法的改正提出精闢的介紹。

此書對漢語運用時所存在的錯誤做了詳盡的分析、釋義，也是當時對現代漢語病句現象研究得較為系統、較為全面的著作，對其後學漢語病句的研究也產生了極大的影響。

三、孟建安（2000）

為孟建安寫序的復旦大學教授宗廷虎提出幾項此書的特點：（一）新穎性：包括視角新、觀點、方法新、語料新；（二）探索性；（三）實用性；（四）理論與實踐的有機統一。

此書共分成九章，（一）漢語病句修辭概說；（二）漢語病句的生成；（三）漢語病句生成的語言外因素；（四）漢語病句的辨識；（五）漢語病句歸類與修改藝術（1）；（六）漢語病句歸類與修改藝術（2）；（七）漢語病句歸類與修改藝術（3）；（八）漢語病句歸類與修改藝術（4）；（九）漢語病句的預防策略。

其中最值得注意的是漢語病句歸類與修改藝術四章，從病句修改的原則；詞語選用細分詞類誤用、用詞不當、生造詞語、濫用古詞語、濫用方言詞、濫用簡稱、割裂詞語、成語選用不當、詞語褒貶不當、詞語重複囉嗦；句子結構方面細分：成分殘缺不全、搭配不當、成分多餘、詞序紊亂、句式雜糅、句子冗長；語

意表達方面分為：歧義、句意費解、概念選用不當、判斷錯誤、推理不當、不合情理、關係不調、層次不清等小節。其中除了成分殘缺、搭配不當、詞語次序、結構混亂；邏輯、費解、歧義、堆砌、重複、繁冗……層次、修辭雜例和呂叔湘、朱德熙的分類相同外，更加注了自己更多的分項出來，相對的，孟建安排除了「虛字」和「標點符號」的這部分。

孟建安在《漢語病句修辭》一書中指出：病句是一個自足的系統，這個系統涵蓋了漢語病詞病句的生成方法、原因，他也提出漢語病句的辨識原則、方法和標準，歸類與修改原則以及預防策略；他在病句的分類方面採用的是歸納法，對病句生成方法的探索則是採用演繹法和比較法。關於漢語病句生成的語言外因素，孟建安也從交際環境、交際目的、交際者的修養、交際者的心理方面作了闡述。

四、陳一（2002）

此書共分九個章：（一）語誤的概說；（二）語誤的分類研究；（三）三個不同平面的語誤；（四）結構平面的語誤；（五）語義平面的語誤；（六）語用平面的語誤；（七）篇章語誤略說；（八）外國人選用中文的常見偏誤；（九）對語誤的對策。

此書最大的不同在於加入了「平面」、「以人為研究對象」，如第二章的語誤的分類研究中的不同語言使用群體中的語誤、學前兒童與學生語誤、廣播電視主持人的語誤、第八章外國人選用中文的常見偏誤中日本人和韓國人的語誤；三個平面包括：結構平面、語義平面、語用平面等。這三個平面和孟建安的第六、七、

八漢語病句歸類與修改藝術（二）（三）（四）就大同小異了。但其第四章結構平面的語誤中的實詞、虛詞又與呂叔湘、朱德熙的第三章虛字，有某些異曲同工之妙。

五、陳光明（2007）

雖然這是研討會論文，尚未出版，但是因為它對本研究有相當重要性及代表性，所以在此一併討論。國語教科書是孩童學習語文最主要的根據，理當要求做到盡善盡美，若限於人力物力而無法達到，授課教師也應判斷出哪些詞語、句子是有問題的，指出病句，並加以改正。因為改正病句的能力與寫作能力都屬於語言運用能力，藉此機會親自示範、提示、教導學生作文時修改的技巧及重要性，對於學生寫作能力的增進，當有所助益。本文是陳光明用來探討國語教科書中的病句類型，尤其是因為詞語運用、句子結構與語意表達等方面而產生的。因詞語運用而產生的病句可以細分為：（一）詞類誤用；（二）用詞不當；（三）生造詞語等。句子結構方面的病句包括：（一）成分殘缺；（二）搭配不當；（三）成分多餘；（四）結構混亂等。關於語意表達的則有：（一）表意不明；（二）不合邏輯；（三）層次不清等。

六、程美珍（2007）

從第一章的總說、第二章詞法方面常見的錯誤、第三章句法常見的錯誤到標點符號常見的錯誤。雖然只分成四章，第一章從什麼叫病句、病句的範圍、產生病句的原因、怎樣查病句到漢語的各級語法單位和

句子成分。但第二、三章項下又細分多節，第二章有名詞的誤用、代詞的誤用、動詞的誤用……等依詞性分成十一節；第三章有詞組的誤用、句子成分的誤用、單句的誤用、幾種特殊動詞謂語句的誤用、幾種比較句的誤用、幾種表示強調的句子的誤用、複句的誤用等七節。第四章談標點符號，分點號和標號的誤用兩節。

　　本書內蒐集有 900 句病句，其中 96 句是使用英語的留學生常見的錯誤。先列病句再修正，並說明修改理由。本書特點有三：（一）針對以英語為母語或媒介的初學漢語的人，普遍存在的病句類型為主要對象；（二）書後編有病句索引，目的在於說明不同的學習階段產生的病句是不同的；（三）全書採漢英對照的形式。

七、吳燈山（1997）

　　這是一組套書，分成內容、用詞、造句、修辭、組織布局常見的毛病等五冊，每種病句的類型從「寫作挫折告白」、「看看文章病在那裡」、「聽聽專家怎麼說」、「病情矯正」、「最後的叮嚀」逐一分析，書後還附上「作文加油站」，可以讓學生立即得到回饋修正，小試身手。這才是真的適合小學生使用的語法書。因為研究者做的是研究性質的病句，所以本書感性而溫馨的單元就不適合參考使用了。

　　綜上各家所述，病句的分類，除了吳燈山的作文小診所外，都從專家的角度解釋病句。任何學問的學習，都應從簡而繁，從易而難，在小學的教學現場上，簡單的語法介紹，也許學生尚且明白，繁複的語法規則，在教學上，就必須研擬出配套的補充教材，方能對教師的教學及學生的學習有所助益。

第二節　國內研究病句的學位論文

近年來，由於教改的因素，無論是教育第一線的老師或是專家學者，甚至是家長，無不用放大鏡在檢視教改的成果，事實證明，學生語文程度下滑嚴重，引起各界的撻伐，連帶的引起了相關老師或學者專家致力於語文的研究，在這裡針對研究病句的學位論文略作介紹：

一、孫碧霞（2005）

孫碧霞以一到六年級，每年級兩個班為研究對象，透過「課堂觀察」和「與教師會談」的方式，探討了閱讀課程習作的目的、功能、份量、效度和提升語文能力的成效；再以自己任教班級的二十四個學生為研究對象。首先，孫碧霞先收集病句語料，以「表層結構策略分析（Surface Strategy Taxonmic）」歸類，分為「贅加型」、「省略型」、「替代型」、「倒置型」等四個錯誤類型，分別計算其比例如下：

表面結構策略出現錯誤次數統計表						
	贅加型	省略型	替代型	倒置型	其他	合計
登錄錯誤的句數	71	19	53	8	1	152
錯誤總次數	85	25	66	12	0	188
錯誤百分率	45.2	13.3	35.1	6.4	0	100

　　從表中贅加型和替代型的比率偏高，而且明顯的受方言的影響頗深；而省略型和倒置型比率較低，足見這類型的句子，高年級學童較能掌握。

二、高維貞（2006）

　　高維貞以太平市抽出五所國小三、四年級學生共三百零八人，其學校所使用的教科書版本有南一三十人、翰林六十五人、康軒二百一十三人，以自然觀察法和錯誤分析法做研究，將病句分成「贅加型」、「省略型」、「替代型」、「倒置型」、「語意不清」等五大類型，結果如下表：

高維貞表面結構策略出現錯誤次數統計表						
	贅加型	省略型	替代型	倒置型	語意不清	合計
錯誤的句子	486	224	389	64	33	1196
錯誤總次數	526	250	426	72	56	1330
錯誤百分率	40	19	32	5	4	100

　　由表中明顯看出，其研究的方法、結果都差不多，只是在解釋上，高維貞多了細項的分類，如贅加型中的「重複使用相同詞語」、「意義重複」、「虛詞贅加」、「臺灣國語贅加」等；而替代型錯誤則有：「方言直譯」、「關聯詞錯用」、「語詞錯用」、「搭配失當」等。

三、曾雅文（2004）

曾雅文的研究對象為國中生，語料樣本有2218次，病句類型從行為學習理論對語言錯誤的解釋、訊息處理理論對語言錯誤的解釋、語言交際理論對語言錯誤的解釋、內部語言、外部語言理論對語言錯誤的解釋討論起，並將病句類型依「語義」、「結構」和「標點符號」、「錯別字」四大類來分項。「語義」病句：（一）用詞不當；（二）不合邏輯；（三）語義重複；（四）表意不明。「結構」病句：（一）成分搭配失當；（二）破壞結構；（三）語序失當；（四）結構雜糅；（五）句子冗長。原則上，通篇研究結合了呂淑湘、朱德熙和孟建安的分類方式。曾雅文指出，「成分搭配失當」是出現最多；而出現頻繁的原因可能是學生混用結構助詞「的」、「得」、「地」有關。另外，學生完成作文幾乎不作檢查修改的工作，也導致「成分多餘」的病句。

四、胡倩華（2006）

胡倩華的研究對象有學生和教師兩種，學生以作文為語料來源，教師則是發出問卷調查。以偏誤分析理論為研究方法；以個案研究的方式觀察高雄市某國中體育班二十一個學生的作文，並將偏誤分成：「詞語」、「單句」、「複句」三個面向進行研究。「詞語」又分實詞偏誤和虛詞偏誤；「單句」又分句子成分偏誤、附加成分偏誤、連帶成分偏誤、句式偏誤等；「複句」又細分關聯偏誤和分句偏誤。其研究結果發現學生作文偏誤有其共同的因素如下：

（一）近義詞的混淆，就是「近義詞」、「近義句式」、「近義關聯詞」容易因連用或混合使用在同一句子裡，造成偏誤的現象。

（二）共同語素的干擾，就是實詞、虛詞、關聯詞語等，在有相同語素的情形下，容易因為對語義的誤解，出現干擾的現象。

（三）句子主題化，可能由於受到口語的影響，學生喜歡把句子「主題化」，也就是「賓語」成分前移至句首，造成語序失當的偏誤。

（四）主語概念模糊，學生「主語」的概念模糊，在單句中容易誤將其他成分當作主語，而在複句中則容易不當地承前或承後省略，造成主語的遺漏。

（五）施受關係不清，學生因為沒有施事、受事的觀念，所以凡是非自願的行為，學生都慣用「被」字句，或是造出主謂搭配不當、動賓搭配不當的句子，都是出自對施受關係不清的緣故。

五、林怡怜（2008）

　　這是國內研究病句論文中唯一以低年級學童為對象的研究，林怡怜是位低年級老師，深感學童在句子上的錯誤用法必須即時導正，以建立正確的語言使用方法，減少錯誤重複發生的機率。因此將所收集的學童病句語料，依據詞語運用、句子結構和語意表達等三方面區分，詞語運用方面有：詞類的誤用、用詞不當、生造詞語等；句子結構方面有：成分殘缺不全、搭配不當、成分多餘、語序紊亂、句型雜糅等；語意表達方面有：歧義、句意費

解、概念運用不當、判斷不恰當、不合邏輯和語意重複等。林怡伶將所收集的語料加以歸納及分析低年級學童常見病句的類型，以作為導正學生病句的參考。

林怡伶所收集的病句次數共二百二十六次，其中排前三名的病句類型分別為：用詞不當、搭配不當、成分殘缺不全。此三種病句類型的總數量佔全部的六七點六九個百分比，超過半數的錯誤類型均為此三種形態；亦即在教學上，此三種錯誤類型值得教學現場上，教學者把教學重點作彈性調整的必要。

六、其他

鄭培秀（2005）《成語句法分析及其教學策略研究》；廖灝翔（2001）的《現代漢語「像」詞之語法結構、語義分析與教學語法》；林綠芬（2004）《國小國語文複句中關聯詞語的教學──以九年一貫課程第一階段教材為例》等學位論文，也都各有和語法相關的更細部分析或只針對某個點做詳盡的研究。

第三節　研究病句的網站

一、中國語文及文化

中國語文及文化網頁上的病句淺析中，將病句分類如下：「用詞不當」、「成分殘缺」、「成分重複」、「成分多餘」、「語序不合」、「關聯錯亂」、「指代不明」、「修辭不善」、「邏

輯謬誤」、「口語夾雜」等。其中除了提供病句例句外，也提出修正後的句子，是個可以一目了然，頓時悟道的好網站。（文史通訊，2008）

二、中國文化研究院

中國文化研究院其網頁上，鉅細靡遺的將「語法」、「句子」、「詞」、「詞組」、「語法小常識」、「遊戲」「語病會診室」等作了詳盡的介紹，其中語病會診室裡將病句分類如下：「與名詞有關的病句」、「與動詞有關的病句」、「與形容詞有關的病句」、「與助動詞有關的病句」、「與數詞有關的病句」、「與量詞有關的病句」、「與代詞有關的病句」、「與副詞有關的病句」、「與介詞有關的病句」、「與連詞有關的病句」、「與助詞有關的病句」等，並提供解答，是個值得介紹學生或老師進修的網站。（中國文化研究院，2003）

三、病句醫院急症室

其網頁上，設有「病句成因」、「錯別字醫療室」、「配詞錯誤醫療室」、「錯誤語法醫療室」、「語言和文化差距醫療室」、「配藥室」、「資料室」等子項。其中「錯誤語法醫療室」裡將病句分類以下項目：「缺乏字詞」、「次序不當」、「意思重覆」、「意思前後相反」、「不當收結」、「錯誤分隔」等。除了病句例句外，並指出其錯誤原因，是個很好的學習網站，值得老師及學生上去取經。而

配藥室內有遊戲區，應可以讓學習者不但得以學到知識，更不會覺得學習令人乏味。（洪醫生，2008）

四、東南國中的寫作園地

在其網站上的作文步驟一文中，提到遣詞造句的一些要素及注意事宜：遣詞造句：積字成句，積句成章。詞有單詞複詞的分別，句有簡句繁句複句的區分。遣詞方面要注意：（一）不用偏僻的字或詞。（二）不用方言俚語。（三）避免在一句、一章、一篇中，重複使用某一字或詞。除非是修辭上，有此必要，愈重複使用反而愈妙，算是例外，如王安石的：「終日看山不厭山，買山終待老山間，山花落盡山長在，山水空流山自閒。」一首絕句的當中；重複用了八個山字，看起來，反而意境高雅。（四）單詞和複詞必須參錯使用，排列精當，單詞太多，難合緊湊的要求，複詞太多，又形成累贅沉重。（五）用字要簡練，而又妥貼，古人有兩句詩，形容用字的辛苦情形：「吟成一個字，撚斷數莖鬚」。王安石的「春風又綠江南岸」。其中的一個「綠」經過千錘百鍊，才確定的，可見遣詞用字的重要了。造句方面要注意：（一）字句要和全篇的主旨和情感相吻合，要表現何種思想和感情，分別採用「敘述句，祈使句，疑問句，驚歎句……等，須加以仔細的衡量。（二）長句短句兼採參用，令人誦讀之時，不因長句太多而感氣緩無力，短句太多，而氣促不舒。（三）句子要簡鍊，全篇之中，不使有一個多餘的字。（yet，2006）

五、小魏老舖

　　網主魏金財在網頁中提到：一般句子的錯誤：有搭配錯誤、殘缺和多餘、語序不當、句式雜揉、歧義等。複句的錯誤：分句間在意義上缺乏密切的關係、結構混亂、層次不清、關聯詞語應用錯誤、關聯詞語搭配不當、缺少必要的關聯詞語、錯用關聯詞語、濫用關聯詞語、關聯詞語位置不當等。句子的結構和其關係的轉換，是基於傳遞一個清晰、明確的概念或特定的意義。（魏金財，1998）

　　綜上所述，有關病句研究的專論、學生論文、網站，臺灣在這個部分的研究不多，詳盡的參考資料都要從大陸或香港取得；臺灣在病句的研究上，尚未出現像呂叔湘、朱德熙、孟建安、陳一等人的專書一樣，系統的對病句提出專書介紹；師大書苑的《實用現代漢語語法》，也是出自於大陸學者：劉月華、潘文娛、故韡的原著，經臺灣的繁體字排版，所以目前從事病句這個面向而努力的專家、學者、教授、研究生或第一線的教育工作者，仍有很大的努力空間。畢竟大陸的語言使用上及語法的認定標準上，和我們臺灣的語言使用方式確實存在著差距，大陸的專書不可能完全適用於臺灣的語文學習上。

第三章　研究方法

　　本研究以語言學方法為主，依它對語言各個面向的著眼（竺家寧，1998），比照著探討診斷小學生作文病句的現象。另外，再輔以心理學方法和社會學方法（周慶華，2004），推測小學生作文病句形成的原因和試為提供補救的途徑。

　　本研究的研究語料依便取雲林縣 T 國小高年級學生的作文，每篇文章依規定由學生自行發展完成的作文，並以這些學生的作文為研究分析的樣本。本次研究樣本的作文，均由各班級任教師採用傳統之命題式作文，經由題目說明之後，即由學生自行發揮。為了減少成人的過度指導而產生作品取樣的不客觀性，所以要求學生一律在校完成作文，並採取當天當節收回作文簿，寫作的時間為八十分鐘（含老師解釋題目，說明寫作大綱）。為了避開人為干擾，所取樣之八個班的學生，均為常態編班之班級，雖然班上會有低成就的學生，總是無法在兩節寫作教學時間內順利完成具有水準的作品，但各班級大部分的學生仍能準時並依規定之格式完成作文。

第一節　研究步驟

　　本研究首先閱讀與病句相關的文獻，收集國小學童所寫作的文章起步，並從平日的語感去找出文中的病句，再從病句的界定出發，酌予參考劉月華、潘文娛和故韡的《實用現代漢語語法》；呂叔湘・朱德熙《語法修辭講義》；孟建安《漢語病句修辭》；陳一《現代漢語語誤》及曾雅文《國中學生作文病句研究》；國中版語文常識的語教材教法中的語法分析等作研究的參考資源。一般人以為句子是由字組成的，但分析語法的時候是用「詞」作單位。首先應該認識句子的定義和區別「句子」與「非句子」。句子的成分是句法的基本概念。句子必須符合句型順序及條件，漢語的句子一般可分為主語和謂語兩大部分：

句型名稱	句型結構
敘事句	主語＋述語＋賓語
表態句	主語＋表語
有無句	主語＋述語（「有」或「無」）＋賓語
判斷句	主語＋繫詞（有時省略）＋斷語

　　本研究中，主要是要從學生的病句中診斷出其錯誤的類型。研究架構流程如下所示：

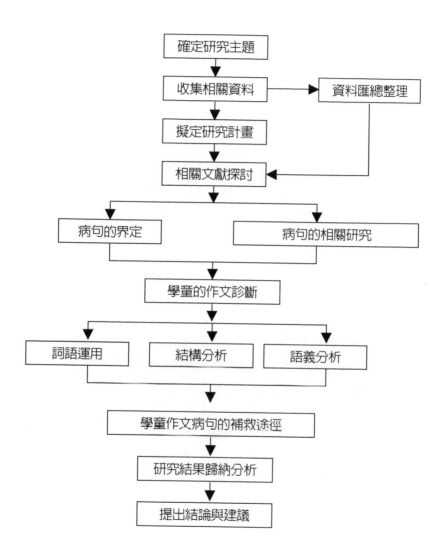

第二節　語料的收集與處理

一、語料的收集

　　本研究的語料來源為研究者所居住學區內的國民小學，此校是全鄉最大的學校，全校十八班共有五百二十位學生，簡稱「T國小」。學區內的家長，普遍以務農為生，少數家長經商或是打零工謀生，兩成左右的家長是隔代教養，近三成左右的單親家庭或外配家庭。每戶家庭的孩子數平均有二位以上，為了取料的方便性、研究分析的客觀性，所以本研究採樣時是以本校六班高年級學生為主，但經過溝通之後，有五、六年級各一班的級任導師有配合上的困難，所以僅採樣本校高年級另外四班一百二十三個學生的 2007 學年度開學後的第一篇作文，作為病句語料的來源。

　　所有的原始資料均為學生在老師所指定的教學時間內所完成的作品，每個學生所接受的指導都是相同的，其目的只為達成病句診斷的客觀，以作為分析與改進及建議之依據。

二、語料的處理

　　樣本的編碼：第一碼為學校編碼：T國小編碼為「1」；第二碼為年級：六年級為「6」，五年級為「5」；第三碼是班級：甲班為「1」，乙班為「2」；第四、五碼為座號：依序「01」「02」……同一人的病句，第一句「a」，第二句「b」……以此類推。語料整理出的病句會以「＊」在句首表示，以標楷體呈現，舉例如下：

⑳*如果少了健康的身體，人就會生病。（1-6-1-07-a）

　　　　以新細明體說明錯誤及修正句子。例如：「少了健康
的身體」即「生病」

　　修正：如果少了健康的身體，就會讓人覺得懶洋洋。

第三節　相關名詞釋義

一、句子：

　　集合數個單詞，以表達一種完整思想的一組字群，就稱為「句
子」。句子是由詞或短語按照一定的句法規則組織起來的語言使用
單位，在一個句子裡，詞與詞，短語與短語之間存在著一定的結
構關係。換句話說，句子是指能獨立表達一個完整意思的語言運
用單位。（魏金財，1998）

二、病句：

　　顧名思義就是有毛病的句子，沒有把意思正確地、通順地表
達出來的句子（高葆泰，1981）。凡是不合語法、不合邏輯、不合
修辭、不合習慣說法而不能準確表意且令人費解的句子都是「病
句」。換句話說，所謂病句，就是指詞語、語法、邏輯、修辭方面
的失誤，即不合用詞規則、不合語法、不合邏輯、不合修辭且又
不能準確的表達語意而令人費解的語句、語段。（孟建安，2000）

　　語言是人類最重要的交際工具，人類在進行交際時，必須遵
循一定的規則；違反規則，出現了語言表達上的失誤，就是「語

誤」。而所謂的語言規範，是語言社會對語言及語言選用中幾種基本關係的「約定」。（陳一，2002）

漢語的組成部分在句中的位置和搭配關係，有一定的規律。與這些規律有異，又沒有特殊的修辭目的，以致不能完整地表達句意的句子，就是「病句」。換句話說，病句就是說出來的話或寫出來的語句，都不是按照一定的語法規則通過一定的程序生成的。（孟建安，2000）

三、語法（grammar）：

即「句法」，可包括語意（semantic）與語用（pragmatics）的一切規律（湯廷池，1996）。本研究以此解釋為主。

四、語感：

就是按語言習慣審視句子，看看是否和我們的語言感性認知一致，是直截也最常用的方法。認為語感是對語言文字或語文現象的敏銳感知和迅速領悟的能力，或者說是人對語言直覺地感知、領悟和把握的能力，是對語言文字從語表到語裡，從形式到內容，包括語音、語義、語法、語用等在內的一種「正確豐富的了解力」。（韋志成，1989）

五、書面語：

是書面交際所使用的語言。口語是人們在現想現說的情況下，借助各種輔助手段進行交際所使用的語言，基本上是用非正

式講話的風格說出來的話。現代書面語以北京話為基礎，包含了許多不同層次的語言成分；漢語口語則分普通話口語和方言口語兩種。（陳建民，2002）

第四節　病句類型的劃分

　　病句的分類方式百家爭鳴，雖各有不同，但亦有許多同處之妙。呂叔湘、朱德熙（2002）在《語法修辭講話》中，分別從詞彙、虛字、結構、表達、標點等向度進行分析說明；孟建安（2000）在《漢語病句修辭》中，則依詞語運用、句子結構、語意表達分成三大類；陳一（2002）在《現代漢語語誤》中，區分結構、語義、語用等三類；而國中教師手冊中，將句子型態分為敘事句、表態句、有無句和判斷句；在國小的教學指引中，則是將句子依句法結構在各年段逐年排入課程，依序學習句型，並未排入病句的辨識教學。如：

一、並列關係中的關聯詞有：

　　有的……有的、一方面……一方面、有時候……有時候、那麼……那麼、既然……又、一邊……一邊、也、又、還、同時。

二、選擇關係中的關聯詞有：

　　是……還是、或者……或者、不是……就是、要麼……要麼、與其……不如、寧可……也（決）不。

三、轉折關係中的關聯詞有：

可是、但是、雖然……可是、雖然……但是、儘管……還、雖然（雖是、雖說、儘管、固然）……但是（但、可是、然而、卻）、卻、不過、然而、只是。

四、因果關係中的關聯詞有：

因此、因為……所以、既然……就、因為（由於）……所以（因此、因而）、之所以……是因為、既然（既）……就（便、則、那麼）。

五、條件關係中的關聯詞有：

只要……就、只有……才、凡是……都、不管……總、只有……才、除非……才、只要……就、無論（不論、不管、任憑）……都（也、還）。

六、遞進關係中的關聯詞有：

不但……還、不僅……還、除了……還有、不但……而且、不但（不僅、不光）……而且（並且）、不但……還（也、又、更）、何況、而且、況且、尤其、甚至。

七、假設關係中的關聯詞有：

如果……就、要是……就、即使……也、哪怕……也、如果（假使、假如、要是、倘若、要是）……那麼（就）、即使（就算、就是、哪怕、縱使）……也（仍然、還是）。

八、取捨關係中的關聯詞有：

寧可……也不、與其……不如。

在九年一貫課程的能力指標裡，與句型知識相關的指標，舉例如下（詳見附錄四）：

F-2-2-1(2)	能熟練應用各種句型
F-1-5-1	能指出作品中有明顯錯誤的句子
F-3-2-1(1)	能精確的遣詞用字，恰當的表情達意
F-3-2-1(2)	能靈活應用各種句型，充分表達自己的見解
F-3-7-2(1)	能養成反覆推敲，使自己的作品更美，更具特色

第五節　病句的辨識標準及方式

實施九年一貫課程以來，許多第一線的老師總是反映學生寫作能力變差了，他們在批改學生作文時常有「改不下去」的遺憾和困擾；學生的文章不順，錯字、別字、火星文，令人感到現在學生作文能力真的很差。形成這樣的結果或許主要係因九年一貫課程實施之前，以五、六年級的語文而言僅有國語一科，九年一貫課程實施之後，語文領域分為國語文、英語、鄉土語言，而語文學習節數並未因為科目增加而增多，當然所學的內容只能加廣未能加深，學習的內涵或許只是重量不能在質的精緻方面進行努力。

31

　　對於學生國語文能力變差，教育當局也希望學校儘量找時間進行補救教學，更期待家長能協助孩子多讀好書以改善寫作方面所呈現的問題。然而，多數老師們卻「悲觀」認為：如果基測沒有加考作文，作文的教學恐怕尚未能受到重視，那麼就更難以改變學生之寫作病句的問題。

　　只是學生的病句何其多，該如何辨識才能恰如其分？除了老師自己的專業知識充足外，專家學者的著作，就是最好的取經之道。在文獻回顧那一章節中，可以比較出各家的病句分類僅是研究涵蓋範圍及名稱定義的不同，實則在病句分析的架構上，與孟建安（2000）所提出詞語運用、句子結構、及語意表達三種類型大多吻合。以下摘自孟建安的第四章漢語病句的辨識：

一、辨識標準

（一）語法標準

　　符合語法句子是正確的，不合語法的就是錯誤的。結構、搭配、語序等是否得當。

　　例句：*我所發生都是有趣的喔。（1-5-1-21-b）

　　修改：在（地點）發生（事件），都是很有趣的，顯然此句　　　　　缺少「事件」。

　　全句為：我所發生的事都很有趣喔。

（二）邏輯標準

　　說話和寫作都離不開邏輯，說出的話、寫出的句子都要符合邏輯思維規律，符合邏輯事理。概念、判斷是否明確，推理是否合理。

例句：*不管各種行業只要認真努力，每個人都有成功的一
　　　天，其中我的志願就是「醫生」。(1-6-2-09-a)

各種行業中雖然有「醫生」這一行，但與作者的「志願」，並
不在此相提並論。教育部《國語辭典》：「其中」，當中，在這中間
的意思。「在這中間」我的志願是當醫生，顯然用法有誤。

（三）修辭標準

修辭要符合「用詞」、「造句」、「表意」的要求，符合了該修
辭格式的構條件就是通句，否則就是病句。分以下兩項：用詞是
否精當，句意是否明白。

例句：*如果身體有病，或者是缺失。(1-6-1-05-a)
修改：教育部《國語辭典》：「缺失」，遺漏或失誤。例句：這
　　　項工程因當設計不夠周全，導致現在缺失甚多。身體
　　　生病不會是失誤，所以這句應改為「身體如果生病了，
　　　或是受傷」比較適宜。

（四）習慣標準

時代改變，網路應運而生，有些句子，在早期是沒有的，有
些句子是外來語，翻譯而來，有些句子是時代產物，合於當時正
統習慣的句法，也是通句。

例句：他是新竹科學園區的「科技新貴」，這句話是因為時代
　　　而生成的句子，自然合乎習慣，所以不算病句。

二、辨識方式

以下的辨識方式是參考孟建安（2000）

（一）審讀法：通過審慎地閱讀，以確認病句的方法。

（二）抓幹尋枝法：又叫簡縮法，把結構較為複雜的長句化簡後再進行分析，從而確認句子是不是病句的方法。

（三）對照法：拿具體的句子去套漢語相關規則，從而辨識病句的一種方法。

（四）類比法：對一個句子是否有錯誤發生懷疑時，按照原句的格式仿照若干個句子，放在一起進行比較的一種辨識方法。

（五）比較鑒定法：把兩個以上意思相同的句子放在一起反覆地進行比較、辨別，從而辨識病句的一種方法。

（六）分析短語辨識法：構成句子的任何一部分，如果是一個複雜的短語，就可以用二分法來分析這個短語的層次及結構關係，通過逐層順次地分析，便可看出這一部分是否有語病，從而來確定該句是不是病句。

三、修改病句的原則

把握句意，修改得要少，改得巧，盡可能保住原創句的意思。務求全句改得妥帖，避免如同報載的一樣「師生錯一窩」。

（一）對症下藥，有針對性簡單地說：就是什麼地方有毛病，就改什麼地方；是什麼樣的毛病，就用相應的方法來改。所以對各種病句的類型一定要心中有數，針對造成語病的原因進行修改。

（二）儘量保持句子的原意。每一個病句，一般都包含雙重意義：一是沒有正確表達出句子的原意；一是已經表達出來而歪曲了原意的錯誤意思。改正病句時，應儘量分析，並把握

它所要表達的原意；在儘量保持原意的前提下，將錯誤的地方加以適當的修改、調整。切勿違背作者原意，按自己個人的意思找句子去代替原句，或者用大人思考的句子來雕飾修改句子。這樣往往會背離作者原意，無法達到正確修改語病的目的。

（三）要善用多種方法進行修改：每一個病句，幾乎都可以從語法、修辭、邏輯的角度來分析其造成語病的原因。這樣同一個病句，也就可以有多種不同的修改方法。至於用哪一種方法來修改更加合適，這就要看病句本身的語病類型，看表達的需要，看具體的語境。

我們還要注意，能夠用調整語序的方法來修改就儘量不要增刪詞語；改一處可以解決問題，就絕不改兩處；修改病句要注意句意的簡潔，儘量保持句式或陳述者對象一致。修改病句的五字訣如下：增（成分殘缺的）、刪（多餘的）、換（用詞不妥當）、簡（修改應簡要）、調（不搭配、不照應的）。

第四章　學生作文病句形成的可能原因

　　語文程度逐漸低落的原因很多：不重視中文課程的教學，國中小學各年級國語或國文課的寫作時間均被忽視；視訊傳播的發達，讓學生不願接近書籍養成閱讀的習慣；即便是閱讀，也是看看就算了，不願將自己的想法或看法透過文字表達出來。因為語文程度降低，**閱讀能力不足**，連帶的也會影響到其他課程的了解與認識。

　　鄭世杰（2006）的研究有 208 位受試者，學童在寫作過程中多數學童在寫作過程中感到第三困難的部分為「不會修改文章」佔 29.8%；「字句不會寫感到困難的部分」佔 15.2%；「不會用適當的文字表達意思」佔 14.6%。由此可見，寫作困擾中，字、詞、句子對學生所造成的困擾有一定的難度存在。

　　從大量病句的分析比較中，可以看到出現病句的原因主要有以下幾種情況：1.**在語義上、結構上特點上、使用場合方面沒能很好地掌握漢語規律**。尤其是漢語中特有的重疊形式、補語、主謂謂語句、「把」字句等語言現象，學習起來困難更多些，反映在口頭表達和筆頭作業中確實存在著許許多多這樣或那樣的問題。2.**由於英語習慣的干擾**。3.**受修辭知識的限制**，影響表達的效果，以「雪下得真大，房屋樹木都很白」為例，句中用「都」總括它前

邊的「房屋、樹木」，形容被雪覆蓋的面積，用「很」表示雪「白」的程度，這種遣詞造句的形式是很勉強的。應該將「都很」改成一片，既寫了雪景，又說明了面積範圍較大。（程美珍，2007）

　　人們在進行語言生成過程這項活動的時候，首先構設要表達的思想，並且把這些思想轉化成有組織的語言代碼；其次還有把這種代碼轉化成無聲語言，把思想保留在短時記憶裏面，再選擇文字符號把意義表達出來，這個複雜的心理過程中，很多的因素在起著作用。也就是說，產生語病的心理因素也是複雜多樣的，要想完全了解這些因素很艱難。（林世銓，2008）

第一節　語文知識不足

　　目前一般學生國語文能力普遍低落，作文教學成效不彰，甚且嚴重影響了國語文教學的品質，究其原因雖然很多，但是學生造句能力訓練不足，是其中一大癥結。就語句通順一項來看，造成學生語句不通順的原因與學生斷句能力不佳及在句中省略字、詞有關。就文字正確一項來看，學生出現錯別字與缺漏字的次數最多。（楊裕貿，1995）

　　欲使學生造出正確而順暢的句子，並非一件容易的事，必須在各年級老師長期而有計畫的悉心指導，循序漸進，日積月累，才能見其功效。語文是人類溝通的媒介，良好的語文表達能力，是今日社會不可或缺的利器。學生學習語文知識，目的在增加對語文的了解，增強語文運用的能力，並非探究語言學定義和術語。

　　語文基本能力包括字、詞、句、段和篇的運用，都有一定的規則可循，有人掌握了這些要點，文章就寫得好；反之，寫文章就成了痛苦的事。教學時，語文知識須結合適當的學習材料，讓學生在一定的語境中學習，不宜孤立處理。語文學習的四大領域；聽、說、讀、寫，本研究探討的是學生病句「寫」這個知識領域。學生的語法知識不足，是造成病句的主因，透過病句的分析，找出學生為什麼會寫出病句的原因。所謂「對症下藥」，就是這個道理。

　　語文學習基礎知識涵蓋：字、詞、句、標點符號、遣辭用字、篇章、常用工具書。寫作可視為一統整聽、說、讀、寫字四項能力的具體語文運作。它是最後發展出來的一項能力，因寫作必須運用已有之語文知識、讀過的文句，把想說的話以合理邏　輯、正確的文法結構、用筆寫出句子，組成段落而成一篇完整的文章。（孫麗翎，1988）

　　寫作三部曲：計畫、轉譯、修改回顧。沒有足夠的輸入（input），何來輸出（output）？美國大學理事會（The College Board）國際司司長 Dr. Robert DiYanni 在一場演講中極力強調整合英文聽、說、讀、寫四種能力的重要性。（賴慶雄，1999）

　　在語文教學的各個環節中，教都應該指導學生正確地用詞造句，盡量預防病句的產生，一旦學生寫了病句，教師就要從嚴要求，指導學生認真修改。遣詞鍊句訓練的重要，寫作是由篇到段、句、詞，再由詞、句、段到篇的互逆過程。古人說：「鼓瑟不難，難於調弦；作文不難，難於鍊句。」遣詞鍊句的重要，由此可見它們分別可考慮：

一、遣詞方面：「詞不達意」、「筆不從心」是寫作最大的若惱，原
　　因大部分是作者腦中儲存貧乏造成的。改善方法如下：1.勤讀

勤記，豐富詞彙。根據統計，大文豪莎士比亞全部作品，一共用了一萬三千個不同的字眼。我們乃泛泛之輩，豈有不努力的理由。2.辨析比較，準確用字用詞。詞要用得正確、貼切、簡潔。舉凡同義詞、量詞、口語、生造詞語、重複用詞都宜避免。3.捕捉意象，活用生動詞語。詞語使用生動有活力，讀者讀起來感覺愉悅有默契。

二、鍊句方面：凡是名家，都十分重視鍊句的工夫。托爾斯泰、巴爾札克、拜倫等大作家，都很重視錘鍊句子，寫作態度嚴肅認真，一篇稿子，常要修改多次，不斷補充，直到滿意為止。鍊句方面應注意以下幾點原則：

1. 句子要完整，句子中必要成分必須要完整，主謂語不可缺少，否則就是病句。例如：（小張）是工人，小張就是主語。

2. 句子要簡潔，「文以簡潔為難，不以繁縟為巧。」但切記，只「簡」不「明」是苟簡，只「明」不「簡」是繁冗。例如：

　　⑦*姑姑又說要我們去公園玩，所以姑姑就開車子帶我們去公園玩。

　　　　作者不會代詞，「姑姑」可以利用回指，用「她」代替，所以出現重複用法，前句「姑姑「又」說要我們去公園玩」「又」可以省略。

　　修正：姑姑說，要帶我們去公園玩，所以她就去開車，載我們到公園。

3. 句子要通順合理，通順合理的句子，必然合乎語法規則、邏輯、事理及語言習慣。不合理的句子，通常都有搭配不當、照應不周、語序失調、自相矛盾或結構混亂等現象。例如：各色菊花開得又紅又豔。

4. 句子要連貫，上下前後的句子應力求連繫，不可以突然跳脫，思想斷裂。例如：

③*如果不注意衛生，會得到腸胃炎和疾病。（1-6-1-08-d）

　　腸胃炎是疾病的一種，因為疾病是屬而腸胃炎是種，而且連詞「和」用於連接類別相近的並列成分，表示平等的聯合關係，所以本句並不合於規定。

　　修正：如果不注意衛生，就容易得到腸胃炎這種疾病。

5. 句子要變化，句式不同，語言有了變化，文章就顯得生氣蓬勃。句子的變化又分為：（1）句式變化（2）修辭變化。（賴慶雄，1999）

第二節　資訊分裂症

　　過去十幾年中，各式各樣的資訊科技新產品已經使我們的工作、生活起居發生了變化，社會也隨之逐漸轉型。自從個人電腦、網際網路、衛星及個人通訊系統等迅速普及以來，資訊科技對於我們人文、社會的影響更加快速，更加深、加劇；這情形是許多人都親身感受到的。二十多年前，為了發展經濟，政府推動了一系列的自動化、電腦化、資訊化的政策，使得大多數民眾都知道資訊科技的優點和重要。各種媒體的報導和廣告，更對資訊科技寵愛非凡，似乎資訊科技真成了靈丹妙藥，有百利而無一害；於是有些樂觀進取的人們無暇細思，沈緬於資訊科技的炫耀光彩，似乎只要好好發展資訊科技，前途便是一片光明。但是事情真的是如此嗎？

　　經濟部工業局委託資策會 FIND 進行 2007 年的調查結果顯
示，我國家戶電腦普及率為 79%，推估我國有約 592 萬戶擁有電
腦的家戶。家戶連網普及率為 71%，推估我國有近 532 萬戶家戶
連網。家戶寬頻普及率為 69%，推估我國有近 512 萬戶家戶使用
寬頻連網。連網家戶使用寬頻的比例為 96%，而寬頻連網方式的
主流為 xDSL，占連網家戶約八成九的比例。而個人連網普及率為
64%，推估我國網路使用人有將近 1,476 萬人。（謝清俊，1997）

　　上述中，可發現電腦的普及率已近九成，按鍵盤取代書法的
訓練，因為網路的普及，網路語言應運而生。網路語言創造出一
些怪異名詞來。面對文中充斥著：降子（這樣子）、你ㄅㄞ（你白
痴）、係金 A（是真的）、粉漂亮（很漂亮），不勝枚舉的網路語言
與符號，總讓我們擔心，這樣的文字用在課堂作文合適嗎？不能
否認的，如果這種不合語法的詞句用在網路聊天室或商業行銷
上，應該是創意又有趣吧！但是難道踏出校園投入職場能這樣寫
公文嗎？（張振成，2008）

　　古人說：「少成若天性，習慣如自然。」良好的習慣對寫
作來說尤為重要。但壞習慣就會如影隨形，造成不正確或不好
的後果。網路語言是時代變遷的記錄，更是社會文化的載體，
它彰顯出網路時代青年人的思維習慣與言語方式，是當代青年
人以網路生活為主題，尤其在網聊、「網路社區」中使用的「鍵
盤語言」。沒有規則，自成方圓的網路語言以其快捷性、豐富
性、自由性、互通性的鮮明特徵，迅速地成為了虛擬時代青少
年的新寵。當然，這些網路「新語言」撇開了語言規範，只能
用在網路世界中，在現實生活裏，我們還得「老老實實」說話。
（鍵盤語言，2008）

2006 學年度大學學科能力測驗，國文非選擇題命題靈活，出現三大題型，包括提供短文的情境寫作、給故事的議論評述、網路流行用語如「３Ｑ得Ｏｒｚ」的語文修正。網路用語近年來在青少年學生群中衍生出許多新的習慣用語，有些夾雜英文與阿拉伯數字，或被稱為「火星文」。今年學測國文非選擇題首次在一篇文章中放了九個流行的網路用語，指為使用了不當的俗語、口語、外來語，要求考生做語文修正。（中央社，2006）。

「火星文」又稱為網路流行用語，火星文就是用英文、數字、符號、替代的文字的一種語言，例如：「愛＝ｉ」、「的＝ａ・ｄ・ｔ」、「是＝４」、「去＝７」、「加＝＋」……等等，火星文的缺點：難懂、不正式又降低使用者的國文程度。中文的音節不多，在書寫系統裡，是靠字形來區分同一音節的不同語義，因此火星文，尤其是諧音火星文會造成語義上的模糊，加重讀者的負擔。「大考火星文入題」，事實上 Orz 不是火星文，而是表情符號，可以用「網路流行用語」來稱呼，因此該正名為「大考網路流行用語入題」。

網路時代來臨，改變了學習方式與態度。學生花在網路的時間遠高於正常閱讀時數。不少國文老師也將造成中文程度低落的「兇手」指向電腦。學生習慣電腦打字，各式各樣的輸入法，讓學生對錯別字沒有感覺，養成「意思知道了就好，字詞對與不對無所謂的態度」。

第三節　傳播媒體的誤導

傳播媒體包括：報刊、廣播、電視等，大家都知道傳播媒體對整個社會層面影響有多大。近幾年，受到「臺灣心，鄉土情」

的影響，臺灣鄉土味語文也愈來愈普遍，尤其是選戰時，文宣滿天飛，什麼「好鬥陣」、「好央請」、「好差教」，以至於「上介好」、「上界勇」、「上界讚」等都出籠，甚至於「賭爛票」這樣不合語法的語言文字，也會出現在平面媒體大標題上，讓毫無判斷能力的學童，照單全收，也讓學校師長為語文所做的努力，付諸流水。

陳曼嫻探討綜藝節目主持人用語對青少年流行用語的影響，發現有 88.4%的青少年認為綜藝節目已成為啟發並創造流行語重要媒介；79.8%的青少年會將主持人的慣用與延伸應用變化在不同的話題中；80.3%的青少年則認為使用主持人的慣用與會讓自己有玩語言、文字遊戲的樂趣。因此，透過綜藝節目的收視，青少年從中獲得許多流行用語，並從中建構屬於青少年的語言遊戲（陳曼嫻，2000）。諸如：「A咖」、「B咖」、「臺客」的趣味對白後，A咖、B咖、臺客……就成了電視圈流行用語，學童在平時的交談中，自然就會模仿，形成一種錯誤的用詞而不自知。

根據研究，家中可否上網，網路語言對作文的使用度、接受度及作文錯誤度的影響有顯著關聯。家中可以上網的學童，在網路語言對作文的使用度、接受度及作文錯誤度的影響皆高於家中不能上網的學童。利用 Scheffe 多重比較得知，網路語言對作文影響總平均，三年級開始使用者高於六年級開始使用者，作文的錯誤度，三、四、五年級開始使用網路者顯著高於六年級開始使用網路者，由此顯示出，開始使用網路的年齡層越小，對語文程度的傷害越大。（薛奕龍，2006）

第四節　語文教育不夠落實

　　由於九年一貫課程總綱規定語文時數佔學習領域時數的 20％－30％。寫作教學時間相對減少，學生的寫作能力因領域內的統整而有所改變。寫作教學與舊課程有不同的實施方式，例如：以學習領域取代分科課程，從前的單科已不復存在，取而代之的是領域內的統整。因此，在學校課表的排課上，也不再有作文課、寫字課、說話課等，而是以國語文領域囊括了語文科的聽、說、讀、寫。教師有更多的教學自主空間「彈性課程」，不論是課程的設計或教學的實施，在時間、教材或教學方法的運用皆有相當大的彈性。

　　九年一貫課程，非常強調教師專業能力。以往教師在傳統「由上而下」的課程發展模式影響下，課程設計的「武功」逐漸式微，造成「專業技巧喪失」，九年一貫課程改革重視學校本位課程發展，正是讓教師再恢復武功，提升其專業能力。（陳伯璋，1999）由此看來，在寫作教學這一部分，教師的寫作教學能力對國小學生之寫作能力的影響將比舊課程更為明顯、重要，因此以往在課表上單獨設立的作文課，在實際融入國語文學習領域之後，須視教師如何運用時間，依據國語文領域的單元核心對寫作教材和教法全盤規畫，循序指導。

　　教師除了應有獨立編寫教材的能力外，在學生寫作態度上，要重視學生自身經驗與感受並能激發學生寫作興趣；而在學生的程序性知識上，須能讓其逐步了解並運用標點符號、修辭、文法、材料、結構、文體及寫作步驟等等。

　　作文教學的目的，在提高學生作文能力，而當前教師們對作文教學處理的情形，卻是學生有作文課，教師無作文教學，作文和教學脫節。教師上作文課，負責任的，題目出好後，還能略作說明，以引起學生寫作興趣；一般情形，是在題目寫到黑板以後，就叫學生依題寫作，自己便回到辦公室和同事們聊天；甚而有的教師根本不知作文教學為何事，上課作文，下課收卷，便以為責任已了，至於如何命題？如何審題？如何立意？如何運材？如何擬定大綱？如何先打初稿？如何進行修改？以及文稿完成後，如何潤色？如何謄抄？這一切都不關老師的事，全部作文教學過程，學生幾乎都是自生自滅。學生的作文內容空泛、雜亂無章，當老師的人是否應該檢討原因。

　　短句擴寫、長句縮寫和未完成句續寫，這些都是基礎作文技巧磨練中可以運用，另外整篇文章的改寫和類似文章的仿寫，皆有助於學生作文技巧的增進。檢討作文教學失敗的原因，就是學生訓練不夠，所以不會做；老師專業知識不足無法批改所造成的惡性循環。傳統的作文教學，學生的作品整篇文章錯別字太多，被老師改得「滿篇紅」，不僅教師批閱得痛苦，學生也沒信心，要學生訂正錯別字，總得在作業抽查前，老師押著一個字一個字的訂，學生考驗老師的耐心，老師也對教學失去耐性，師生關係常因作文呈現緊張狀態。深究學生錯別字過多的原因，常是因其識字量太少，進而衍生出學生不會作文的困境，如何著手改善學生的識字量，才是改進作文教學的當務之急。

第五章　學生作文病句的診斷

第一節　病句的類型

　　國小學生的語文能力培養，大多依賴教師在課堂上的教學，所以「教科書的課文及老師的教學」是孩童學習語文最主要的根據。授課教師在教學過程中，宜適時加入「語法」概念，若因為教科書的課程內並未排定的語法，也應當在學生的造句出現語法錯誤時，提出其錯誤問題的癥結，判斷出哪些詞語、句子是有問題的，指出病句，並加以改正。藉此達到學童語文運用能力的提升，在寫作的時候，能正確的、流暢的使用文字，而不致於造成病句。病症輕者文章有如行走石頭路，饒口難念；嚴重者貽笑大方，淪為笑柄。

　　本研究所指的病句類型，主要依據陳光明（2007）的病句分析為主，加上研究者在教學現場中實際發生的錯誤類型的察覺歸納。擬定出病句分類的類別。病句的類型主要包括詞語運用、語法結構與語意表達等方面。因詞語運用產生的病句可以細分為：（一）詞類運用（詞類誤用）；（二）用詞不當；（三）生造詞語；（四）其他等。句子結構方面的病句包括：（一）成分殘缺；（二）搭配不當；（三）成分多餘；（四）結構混亂（句式雜糅）；（五）

語序紊亂等。關於語意表達的則有：（一）表意不明（歧義及句意費解）；（二）不合邏輯；（三）層次不清；（四）概念運用不當；（五）判斷不恰當；（六）語意重覆等。因此，本章除了第一節前言之外，依序加以探討診斷：第二節詞語運用，第三節句子結構，第四節語意表達，第五節綜合討論。

第二節　詞語運用

　　句子是由詞、詞組或分句構成的，能表達語言完整意思的基本單位。「詞」是最小的造句單位，能獨立運用，具有一定的語音、語義和語法功能。詞類是詞的語法分類。劃分詞類的基本根據是詞的語法功能。詞的意義和形態是參考性根據。詞的語法功能指的是詞與詞的組合能力及詞在句子中的地位和作用。根據詞能否單獨充當句子成分，可以將詞分為實詞和虛詞兩大類。

　　漢語語法中，對詞性和詞性的組合有一定規定，不能弄錯詞語的語性，運用了不當的詞語。或者在正確詞性下，運用了錯誤的字眼，令句子的意思改變。同一字可以是動詞、名詞或形容詞。在句子中出現時必須遵守固定的搭配、運用限制，否則就會產生不合語法的句子，造成病句。反之，巧妙的運用這原理，可讓文章生色不少，增加意想不到的效果。詞語運用自如，才能巧妙的駕馭句子、使之文辭並茂，文章有如行雲流水，讀者方能與作者透過文字神靈相通。

一、詞類的誤用

　　誤認詞性的現象是指錯把這類詞當作另一類詞使用的一種語病。漢語缺乏嚴格定義上的形態，誤認詞類的現象較為多見。呂叔湘、朱德熙（2002）提及動詞，指的是行為或變化的名稱。動詞是表示動作、行為、變化、存在或意願的詞。

（一）誤名為動：

①*我的志願是，「動物的醫生」，這樣才能救很多動物。
　（1-6-2-11-c）

　　　　「動物的醫生」是名詞組，在此被誤名詞為動詞，應該在「動物醫生」之前加上「當」，把「的」刪除。
　　修正：我的志願是當「動物醫生」，這樣才能救很多動物。

②*有些人的志願是慈善事業。（1-6-2-12-c）

　　　　「慈善事業」本身是名詞，在此被誤用為動詞，因此宜在慈善事業前面加上「推動」一詞。
　　修正：有些人的志願是推動慈善事業。

③*為了願望，我要努力讀書，將來才能當一個救治動物的「動物醫生」。（1-6-2-11-f）

　　　　本句中「願望」是名詞，在此誤名為動，應該在願望之前加上動詞「實現」，讓句子變得更完整。
　　修正：為了實現願望，我要努力讀書，將來才能當一個「動物醫生」。

④*服裝設計師可以很多錢。（1-6-2-21-b）

　　　　「很多錢」是名詞組，被作者誤用為動詞，應該在「很多錢」前加入「賺」。

修正：當服裝設計師可以「賺」很多錢。

⑤*我們在「銀河鐵道」餐廳吃點心和飲料。（1-5-1-03-e）

　　　依本句句型觀之，「吃點心」是動詞組，所以在「和」之後也必須是連接動詞，所以句中「飲料」被誤用為動詞，必須加「喝」才正確。

修正：「我們在『銀河鐵道』餐廳吃點心和喝飲料。」

⑥*那裡有一條清澈的河水，我們在河裡抓螃蟹和水，覺得好快樂。（1-5-1-04-b）

　　　這也是一句具有動態組的句子，連接詞「和」連接兩個詞類相同的詞語，依本句來看，「抓螃蟹」是動詞組，所以「和」之後也應連接動詞，所以此句「水」誤用為動詞。

修正：那裡有一條清澈的河流，我們在河裡抓螃蟹和玩水，覺得好快樂。

（二）誤形為名：

①*想要成功就要戰勝辛苦。（1-6-2-25-f）

　　　體賓動詞是只能帶體詞性賓語的動詞。例如：買、坐、乘、整頓、交流、戰勝、校對、惦記、朗誦……等，所以「戰勝」是體賓動詞，只能帶體詞賓語。

　　　依據形容詞的語法特徵：(1)可受程度副詞修飾。(2)可用於比較句。(3)可為定語。

　　　檢視本句中「辛苦」這個詞。可以造出的句子如下：「沒錢的日子很辛苦」、「他的生活比我更辛苦」、「辛苦的工作」皆符合形容詞之語法規則，所以可判定「辛苦」為形容詞。在此誤用為名詞接在體賓動詞「戰勝」這個字

之後，因此本句可改用與「辛苦」詞義較相近的名詞「困難」來作替換。

修正：想要成功就要戰勝困難。

②* 為了身體健康就要吃營養。（1-6-1-24-h）

「營養」是形容詞，代表食物或養分，而「吃」是體賓動詞，必須帶體詞賓語，修正：為了身體健康就要吃營養的食物。

（三）誤動為名：

①* 老師每天在寫黑板上寫字。（1-6-2-12-b）

「在」做為介詞用時，常與時間、處所、方位等詞語組合。本句應為：老師（名詞）+每天+在+處所（黑板上）+動詞（組）。表示誤將動詞組「寫黑板」當作代表處所的名詞組。

修正：「老師每天在黑板上寫字。」

②* 我們在電視播新聞裡，看到警察抓壞人。（1-6-2-27-a）

分析本句也呈現誤動為名之病句。因為在的後面接的是時間、處所、方位等「電視播新聞」明顯為動詞，「在」的後面不能接動詞。

修正：我們在電視新聞裡，看到警察抓壞人。

二、用詞不當

呂叔湘、朱德熙（2002）說：「我們常說『用詞不當』，一個詞如果不是生造出來的，它本身是無所謂當或不當的，只有把它

放在特定的上下文裡，才發生當或不當的問題。」中文字詞裡，有名詞、動詞及副語等，部分字詞可以同時是名詞及動詞，混亂了詞語的語性，會造成意思不通，使用不當即為病句。

（一）不解詞義而造成誤用：

金錫謨（1995）認為每個詞都有一定的意義。也就是說，所用的詞義要能準確地表現一定客觀事物或現象，與它所要表現的對象、性質特徵等相符合。否則，將造成因不解詞義誤用。由於對詞語一知半解（特別是成語），以致錯誤運用，引起笑話或其他不可預知的結果。

①＊現代人得到癌症的機會很高。（1-6-1-11-b）

《現代漢語詞典》（627）：「機會」，恰好的時候。「機率」，機會或可能性的數值。教育部《國語辭典》：「機會」，適當的時機。本句若解釋為「得癌症的『時機』」是非常不恰當的。

修正：現代人得到癌症的機率很高。

②＊想要擁有健康的身體，要尊守下列的規定。（1-6-1-14-b）

教育部《國語辭典》：「規定」，制定規則，作為行為的規範。健康的身體，不是用法律規範出來的。「尊守」錯字，「遵守」才正確。

修正：想要擁有健康的身體，要遵守下列的原則。

③＊更是死傷連手指頭也數不清。（1-6-1-23-d）

「死傷很多」所謂多，十個不算多，所以不應以手指頭來計算死傷不計其數。

修正：死傷慘重，即使有再多的手指頭也數不清。

④* 更離<u>普</u>的是亂吃<u>偏食</u>或成藥，反而傷害到身體健康一定要詢問醫生。（1-6-1-25-d）

　　《現代漢語辭典》（1042）：「偏食」，動詞，只喜歡吃某幾種食物。教育部《國語辭典》：「偏方」，流行於民間，不見於正式醫藥書籍記載的藥方，多用於疑難雜症。亦稱為「祕方」。所以依本句的意思推測，應為「偏方」之誤用；本句另有缺少連詞「因此」「用藥」的偏誤。「離普」錯字「離譜」才對。

修正：更離譜的是：有人亂吃偏方或成藥，反而傷害到身體健康，因此用藥一定要詢問醫生。

⑤* 一年當中槍斃的何止<u>萬千</u>的生命！（1-6-1-26-d）

　　《現代漢語辭典》（550）：「何止」，動詞，用反問的語氣表示超出某個數目或範圍。（1406）：「萬千」，數詞，形容很多或事物所表現的方面多。（1084）：「千萬」，副詞，表示數量的字面意義，形容非常多。本句尚有：介詞「被……的……」使用不當。把「的生命」改成「的人」並移到「槍斃」的後面即可。

修正：一年當中被槍斃的人，何止千萬！

⑥* <u>人生</u>一旦沒有了健康，人生就無趣了。（1-6-1-08-c）

　　教育部《國語辭典》：「人生」，人的一生，人活在世上。「人」具有高度智慧和靈性，且能製造並使用工具以進行勞動的高等動物。所以「人生」不會沒有健康，是人才會不健康。

修正：一個人如果不健康，人生就顯得無趣多了。

⑦＊想要擁有健康的身體，就要<u>看</u>以下四點，1 持續運動：可以使身體健康。（1-6-1-18-c）

　　《現代漢語辭典》（762）：「看」，動詞，使視線接觸人或物；視察並加以判斷；訪問；對待；診治或當助詞。無一是適用於此句子，因此本句宜改為「就要做到」較為恰當。

修正：想要擁有健康的身體，就要做到以下四點，一、持續運動：可以使身體健康。

⑧＊我的志願就是長大以後，行走天涯，到處救濟貧窮的浪子。（1-6-2-13-b）

　　依據教育部國語推行委員會彙編之《重編國語辭典修訂本》：浪子，乃不務正業的遊蕩青年。《西遊記》第九十一回：「街衢中有幾個無事閑遊的浪子。」此處，救濟貧窮應為善行不宜採用「浪子」這個詞。

修正：我的志願就是成為一個行走天涯、救濟貧窮的好人。

⑨＊穿上合身的衣服，身體就會變得高高又瘦瘦。（1-6-2-26-c）

　　《重編國語辭典修訂本》：身體，係指人的軀體。一般而言，形容一個人高高、瘦瘦都是指身材而不是身體，此句宜將「身體」改成「身材」較為合適。

修正：穿上合身的衣服，身材就會變得高高又瘦瘦。

⑩＊閱讀對我來說充滿有趣。（1-5-1-01-j）

　　有趣係指：有趣味，能引起好奇或歡樂的意思。通常會用於歡樂的部分，而閱讀應對照的語詞接近於「興趣」，因此本句應將有趣改為興趣。若將文字的順序加以調整則有助於句子的流暢。

修正：我對於閱讀充滿興趣。

⑪*當我回來洗澡洗完，躺在床上一下子我就呼呼大睡了。
（1-5-1-02-b）

「回來」指回到原處。究竟是回到哪裡令人費解，依照句意考量應為回家的意思。而且「洗澡洗完」有一種用字多餘的感覺，直接寫「洗完澡」會更好。

修正：當我回家洗完澡，躺在床上一下子就呼呼大睡了。

⑫*玉米成熟得快，所以每天收成一次。（1-5-1-01-e）

教育部《國語辭典》：「收成」，係指農作物的收穫。此句宜用「採收」較為恰當。

修正：玉米成熟得快，所以要每天採收。

⑬*連續三天我都是早上四點起來。（1-5-1-02-f）

《實用現代漢語語法》（1076）：「起來」，由躺、臥而坐、跪而站。教育部《國語辭典》：表示通過動作使事物由低到高。依約定成俗的思考模式可得知，作者的意思可能為起床的意思。

修正：連續三天我都是早上四點起床。

⑭*爸爸載我們全家去動物園玩，裡面有各種不同各式各樣的動物。（1-5-1-02-e）

動物園裡面有各式各樣的動物是既定的事實，不需要再特別強調「各種不同」。

修正：爸爸載著全家人去動物園玩，我們看見各種不同的動物。

⑮*我心裡在想：高鐵的速度達三百公里到底是多快呢？
（1-5-1-03-b）

速度指的是各種過程進行的快慢程度。依本句而言，也就是高鐵行駛的快慢程度，但應表明是時速或分速，

修正：我心裡想：高鐵的時速二百公里到底是多快呢？

⑯*清澈的河水，前後左右附近有很多奇形怪壯的石頭。（1-5-1-04-e）

　　　　附近係指距離不遠的地方，當然也包含前後左右。

修正：清澈的河水附近，有很多奇形怪狀的石頭。

⑰*熱烈的陽光照射大地。（1-5-1-10-d）

　　　　熱烈的一種旺盛或高度情感的表現。不適合用來形容太陽照射的樣子，

修正：炎熱的陽光照射大地。

⑱*過了幾天小白生病好了，我天天給牠吃好吃的東西。（1-5-1-23-d）

　　　　好吃的東西不一定對小白的病有幫助。

修正：過了幾天，小白病好了以後，我天天給牠吃營養的食物。

⑲*哥哥用很善良的態度教我玩電腦遊戲。（1-5-1-02-h）

　　　　善良意指心地端正純潔，沒有歹意邪念。依句意判斷，本句中「善良」，可改用「和善」來代替較為適當。

修正：哥哥用很和善的態度教我玩電腦遊戲。

⑳*我看著一列火車從遠端奔跑而來，從我的眼前呼嘯而過。（1-5-1-03-c）

　　　　快速的跑就是奔跑。用奔跑來形容火車的速度並不恰當，可將「奔跑」「飛馳」感覺更適合本句話所要表達的意旨。

修正：我看著一列火車從遠端「飛馳」而來，從我的眼前呼嘯而過。

○21 *讀書可以學習許多道理和知識，感覺真痛快。（1-5-1-21-a）

「痛快」指的是心情舒暢或做事爽快、不拖泥帶水。因此「痛快」此詞不適宜用於讀書於學習知識。所以改用「愉快」會較適宜。

修正：讀書可以學習許多道理和知識，令人感覺很愉快。

○22 *看到滾滾而來的土石流，令人感到震動與害怕。（1-5-1-05-f）

面對滾滾而來的土石流確實是非常恐怖的，作者用震動與害怕來形容內心的感覺並不適當。因為震動指的是物體受了外力的影響而搖動，對於心中的感受如果使用「震驚」代表內心的「吃驚懼怕」效果更佳。另外，從句意了解，作者的意思可能是開車沿著山路回家。

修正：看到滾滾而來的土石流，令人感到震驚與害怕。

○23 *我突然腳--滑，掉入水溝裡，弟弟一臉無辜的安慰我。（1-5-1-04-h）

無辜係指沒有犯錯之意。本句應為作者不小心跌倒，既非弟弟造成的錯誤，當然不必由弟弟感到無辜內疚。

修正：我突然腳一滑，掉入水溝裡，弟弟一臉無奈的安慰我。

○24 *還有許多具有特徵的古蹟文物，令人大開眼界。（1-5-1-06-e）

《現代漢語詞典》（1336）：「特徵」，名詞，可以做為人或事物特點的徵象、標誌等。（1335）：「特色」，名詞，事物所表現的獨特的色彩、風格等。古代流傳下來

的遺蹟謂之古蹟。所以具有代表性的古蹟文物應該是具有
「特色」而非「特徵」。

修正：還有許多具有特色的古蹟文物，令人大開眼界。

㉕* 螢火蟲在此時也表現出閃閃的光輝。（1-5-1-23-c）

「表現」係指把思想、感情、生活經歷等內情顯露出
來。螢火蟲的光應為「發出」較為適切，因為發出指的是
傳出、送出或表達出來。

修正：螢火蟲在此時也散發出閃閃的光輝。

（二）量詞的誤用：

量詞包括名量詞和動量詞。名量詞是表示人或事物單位的
詞。名量詞分專用名量詞和借用名量詞兩類。量詞常和數詞組成
數量詞組，如「兩輛」；或者和指示代詞組成指量詞組，如「這個」。
數量詞組和指量詞組都具有指代功能。

① * 終於有一串火車來了。（1-5-1-03-c）

「串」是連貫的意思，雖然火車的各節車箱在外形上
是連貫的，但一般而言，舉凡車子的單位，多數以「輛」
計算，火車因為外形的關係，習慣上總以「一列」計算，
除非是「詩」形態表現，否則以「串」當火車的計量單位
是偏誤的。

修正：終於有一列火車來了。

② * 我又看到一位小朋友他很遵守，可是突然一臺大卡車，把
一個小朋友撞死了。（1-6-2-14-a）

「一臺」大卡車，是受母語影響。量詞誤用除外，「又
看到」的又字，好像作者看過兩次以上了，所以不合語

法。而「遵守」什麼,並未交代清楚,宜修正為「遵守交通規則」。

修正:我有看到一個小朋友,他很遵守交通規則,卻被一輛大卡車撞死了。

③*還有<u>一些</u>大松樹,景致十分宜人。(1-5-1-04-b)

《實用現代漢語語法》(129):「一些」,不定量詞,一些比一點兒表示的數量要多。「個體量詞」與相應的名詞在意義上有某種聯繫,如「條」一般用於長條形狀的物體。「張」一般用於能展開(或打開)的物體,「粒」用於小而圓的東西,「個」是使用範圍最廣的個體量詞。由上可證,「大松樹」不止一棵時,用「一些」來表示,仍有不通。

修正:還有幾棵大松樹,景緻十分怡人。

④*我看到一個神坐在神轎上。(1-5-1-15-d)

⑤*只要我們有一個收入,就可以養活自己,也能孝順父母。(1-6-2-25-e)

⑥*牠居然把一朵波菜吃到只剩下一半。(1-5-2-01-f)

⑦*我帶了一萬元去買了一臺筆記型的電腦。(1-5-2-14-d)

例句④神明應為「一尊」而非「一個」。例句⑤收入的單位詞應為「一筆」非「一個」。例句⑥中菠菜的單位應改為「一把」。例句⑦中電腦的單位應為「一部」比較恰當。

(三)連詞的誤用:

連詞是連接詞、詞組或句子等,表示某種邏輯關係的詞。例如:和、及、以及、或者、或、與其……等等,在學習連詞時,

一方面要注意連詞連接的對象；一方面要注意連詞所表示的關係。連詞只有連接作用，沒有修飾作用。此外，還要注意「和、跟、同、與」等詞的連詞用法和介詞用法的區別，以及連詞和有關聯作用的副詞之間的區別。錯誤地運用連接詞，致使文句不通順。《實用現代漢語語法》（315）：連詞是虛詞，沒有實在的詞彙意義，只表示一定的語法意義，連詞不能充當句子的成分。

①＊原來健康這麼重要那以後我要早睡早起不挑食。
（1-6-1-24-g）

　　關聯誤用「從……以後」；《現代漢語辭典》（99）：「並且」，用於連接並列的動作或形容詞等，表示幾個動作同時進行或幾種性質同時存在。「早睡早起不挑食」是兩個事件，未用連接詞連接，在「起」和「不」中間，用「並且」連接，使句子更通順。本句未加標點。

修正：原來健康這麼重要，從今以後我要早睡早起並且不挑食。

②＊而身體不健康想出去玩如果想三天只能玩兩天而已。
（1-6-1-10-b）

　　《實用現代漢語語法》（326）：「而」，連接詞，可用來連接單詞（主要是形容詞或是動詞）、短語（形容詞短語或是動詞短語）、分句或句子。由「而」所連接的兩個成分之間有並列、轉折、承接或者遞進等關係。「而」不能接名詞或名詞短語。《現代漢語辭典》（360）：「而已」，語助詞，罷了的意思。回到原句「只能玩兩天罷了」，意思不符，所以判斷使用不當。《實用現代漢語語法》（177）：「想」，能願動詞，表示願望、打算，能願動

60

詞的賓語只能是動詞（短語）、形容詞（短語）、主謂短語，不能是名詞或代詞。想「三天」，不是動詞亦非形容詞。

修正：身體若不健康，如果想出去玩三天，恐怕到第二天就受不了了。

③* 只要顧好身體<u>康就有</u>幸福快樂的人生了。（1-6-1-10-e）

　　《實用現代漢語語法》（344）：「只要」，常與副詞「就」搭配，構成只要 A，就 B 的格式，這個格式表示：如果 A 條件存在，B 就有。「只要……就」是條件關係句，幸福快樂的人生，不是身體健康「就有」的。

修正：只要顧好身體健康，就能擁有幸福快樂的人生。

④* 所以就算你擁有再多的金錢<u>而</u>沒有健康的身體，對每個人來說<u>都是</u>一件遺憾的事！（1-6-1-11-a）

　　連接詞「而」使用錯誤（與例句②同），《現代漢語辭典》（1311）：「所以」，用在上半句主語和謂語之間，提出需要說明原因的事情。因此此句「所以」後，宜以「，」斷句。

修正：所以，就算你擁有再多的金錢，如果沒有健康的身體，對每個人來說將是一件遺憾的事！

⑤* 而<u>一個身體不健康</u>連出去走走也走不動。（1-6-1-19-a）

　　《實用現代漢語語法》（326）：「而」，連接詞，可用來連接單詞（主要是形容詞或是動詞）、短語（形容詞短語或是動詞短語）、分句或句子。由「而」所連接的兩個成分之間有並列、轉折、承接或者遞進等關係。「而」

不能接名詞或名詞短語。「而」宜刪除；連出去「走走」
也「走」不動。本句尚有語意重覆的病癥。

修正：一個身體不健康的人，連出門的力氣也沒有。

⑥＊那是<u>因為如果</u>你想出去玩但身體不健康，那你們就不能出
去玩了。（1-6-1-17-a）

「因為……所以」或「如果……就」才是正確的連詞
用法，作者在本句中使用錯誤。

修正：如果你想出去玩，卻因為身體不健康，恐怕就不行了。

⑦＊<u>而</u>最有趣的是我可以坐在運送花生的大卡車上好像坐在
戰車上一樣叩叩叩好好玩。（1-5-1-01-d）

「而」字，同例句②，本句尚有未加斷句的病癥。

修正：最有趣的是：我可以坐在運送花生的大卡車，感覺
就像坐在戰車上一樣「叩叩叩」很好玩。

1.和」的誤用

①＊每天做運動和書籍對於健康有幫助。（1-6-1-15-a）

「和」連接「做運動」及「書籍」，做運動是動態組，
而「書籍」是名詞。因為使用連詞「和」時，必須注意連
接的成分應屬於同類的結構，所以本句中「和」的前後一
為名詞，一為動態組而產生詞性不同。

修正：每天做運動，閱讀健康方面的書籍對於健康有幫助。

②＊沒有健康就沒有財富和到處去玩。（1-6-1-08-a）

「和」連接「財富」及「到處去玩」，「財富」為名
詞組，而「到處去玩」是動詞組，兩者的結構與類別並不
相同，不適合用「和」字做連接。

修正：沒有健康就沒有財富，也無法到處去玩。

③*如果不注意衛生，會得到腸胃炎和疾病。（1-6-1-08-d）

　　腸胃炎是疾病的一種，因為疾病是屬而腸胃炎是種，而且連詞「和」用於連接類別相近的並列成分，表示平等的聯合關係，所以本句並不合於規定。

修正：如果不注意衛生，就容易得到腸胃炎這種疾病。

④*營養要均衡就要吃新鮮的蔬菜水果和好心情。（1-6-1-09-c）

　　使用連詞「和」時必須注意連接的成分必須屬於同類的結構。「新鮮的蔬菜水果」是經過形容詞修飾的名詞，雖然「好心情」看起來也像是形容詞+名詞，但「好心情」和營養均衡並不是那麼相關，所以可將「和」這個連詞以及「好心情」去掉。

修正：營養要均衡就要吃新鮮的蔬菜和水果。

2.「還有」的誤用

①*均衡的營養，還要多運動，還有生活作息正常才能保持身體健康。（1-6-1-11-c）

　　此句使用太多「還有」，宜刪減讓句子簡化。

修正：營養均衡、多運動，還有生活作息正常，就能保持身體健康。

②*我希望做出好吃的料理，有紅燒獅子頭，還有麻婆豆腐，還有竹筍肉絲和蚵仔煎。（1-6-2-16-b）

　　本句也使用過多的「還有」。

修正：我希望做出紅燒獅子頭、麻婆豆腐，還有竹筍肉絲和蚵仔煎這些好吃的料理。

3.「既……又……」的誤用

①*當一位美髮設計師既漂亮又辛苦。（1-6-2-18-c）

「既……又……」中間加入形容詞時，基本上兩個形容詞必須是同向的，它是一種並列的關係，因此不宜用既漂亮又辛苦。

修正：當一位美髮設計師雖然可以穿得很漂亮，但是在工作崗位上是辛苦的。

②*我們到遊樂場馬上瘋狂的玩了起來，每一項遊戲都讓人覺得既恐怖又有趣。（1-5-1-11-d）

恐怖和有趣是近於相反詞義的語詞，不適用放在「既……又……」當形容詞。

修正：我們到遊樂場馬上瘋狂的玩了起來，雖然每一項遊戲都很有趣，卻也讓人覺得很恐怖。

（四）副詞的誤用：

副詞是修飾或限制動詞、形容詞或別的副詞。用在動詞、形容詞或主謂詞組前面，表示程度、時間、範圍、語氣、否定、頻率、情態等的詞。副詞最重要的語法特點是除了少數副詞能作補語之外（如「有意思極了」、「好得很」），一般只能作狀語，修飾動詞、形容詞或者修飾整個句子。

①*如果身體不健康，即使有<u>更</u>多的財富，也不會感到快樂。
（1-6-1-12-a）

《現代漢語辭典》（224）：「更」，副詞，使用於形容詞（短語）、動詞（短語）短語前，做狀語。所以判定「更」字誤用。

　　修正：如果身體不健康，即使再多的財富，也不會感到
　　　　　快樂。

②＊並運用這些知識<u>使</u>大家有美好的未來。（1-6-1-01-C）

　　　　《實用現代漢語語法》（709）：「使」，兼語句謂
　　語的第二個中心語以動詞為多，也可以是形容詞、主謂短
　　語或名詞。「使」有誤，名詞不能接受「副詞」修飾。
　　修正：並且加以運用，才能讓大家有美好的未來。

③＊也要注意環境衛生，才不會滋生<u>染病的煤介</u>。（1-6-1-18-e）

　　　　《實用現代漢語語法》（247）：「才」，用來表示
　　堅決的語氣，多用於口語。

　　　　副詞使用不當，「才不會滋生」宜改為「斷絕」較
　　恰當。
　　修正：也要注意環境衛生，斷絕滋生染病的煤介。

④＊而且死樣也是<u>難看的一面</u>。（1-6-1-23-f）

　　　　《現代漢語辭典》（1588）：「也」，副詞，表示同
　　樣。在這裡，死樣，已有貶低的含義，後句「也是難看」
　　就有贅述的感覺。
　　修正：而且慘死的樣子真是難看。

⑤＊有時，那些治療<u>會讓</u>十分痛苦。（1-6-1-14-a）

　　　　誤動為名，《現代漢語詞典》（1757）：「治療」，
　　動詞，用藥物、手術等消除疾病。是治療過程，讓人痛苦。
　　「會讓」漏了「人」，人才會有痛苦的感，所以應改成「會
　　讓人」。
　　修正：有時，治療的過程會讓人十分痛苦。

⑥*好那那些想死<u>也</u>不能死的流浪狗，好好的死去。
（1-6-2-10-c）

　　誤用副詞，想死「也」不能死的也字，宜以「卻」字
替換；「那那些」應是「讓那些」。「好好死」犯口語的
錯誤，教育部《國語辭典》：「好好」，盡情的。形容程
度深。是讓小狗「盡情的」死嗎？因此判定不合語法。

　　修正：讓那些想死卻死不了的流浪狗，安詳的死去。

⑦*我的志願就當個補習班的數學老師。（1-6-2-25-a）

　　副詞「就」使用不當，「就是」表示肯定。單一個「就」
字，意思就不對了。

　　修正：我的志願是當補習班的數學老師。

⑧*暑假的時候剛好爺爺種的花生<u>成熟</u>在收成。（1-5-1-01-c）

　　《現代漢語辭典》（1235）：「時候」，時間。暑假
是長長的兩個月，用「時候」表示，有偏誤；「花生」和
「成熟」之間缺少副詞。

　　修正：暑假期間，爺爺種的花生已經成熟可以採收了。

⑨*唯有健康的身體，才<u>要</u>美好的人生。（1-6-1-05-c）

　　《現代漢語辭典》（123）：「才」，表示數量小、次
數少、能力差、程度低等。是「才能擁有美好的人生」的。

　　修正：唯有健康的身體，才能擁有美好的人生。

⑩*有了健康的身體，才能光明燦爛的前途。（1-6-1-09-b）

　　副詞「才能」誤用，是「才有」方為正確。

　　修正：有了健康的身體，才有光明燦爛的前途。

⑪*偶然出去踏青，看看風景，呼吸新鮮的空氣，讓心情更好。
（1-6-1-15-h）

《現代漢語辭典》（1012）：「偶然」，事理上不一定要發生而發生的；超出一般規律的。例如：偶然因素。出去踏青，是時間安排的問題，與發生無關。改用「偶而」較恰當。

修正：偶而出去踏青、看看風景、呼吸新鮮的空氣，讓心情更好。

⑫*功課雖然重要，但是身體的健康<u>比較</u>重要。（1-6-1-05-b）

《現代漢語辭典》（70）：「比較」，動詞，就兩種或兩種以上同類的事物辨別異同或高下。在本句子中，「功課和身體的健康」並不是要比高下，而是偏正關係中的轉折關聯錯誤，「雖然……但是……」，是轉折複句，宜用「更」恰當。

修正：功課雖然重要，但是健康的身體更重要。

⑬*<u>其實</u>，是一切事業的基礎，失去了健康，就失去了一切。（1-6-1-13-b）

《現代漢語辭典》（1070）：「其實」，副詞，表示所說的是實際情況（承上文，多含轉折意）。在這裡宜改為「健康」，健康才是事業的基礎。

修正：健康，是一切事業的基礎，失去了健康，就失去了一切。

（五）介詞的誤用：

介詞介紹名詞或代名詞給別的詞，使表示出時、地、原因、方法或領攝關係的詞。其主要語法功能是組成介賓詞組（也叫介詞結構）作狀語，其次是介賓詞組加「的」作定語，有的介賓詞組可作補語。

①* 還有奇奇怪怪的古代東西讓大開眼界。（1-5-1-06-e）

《現代漢語辭典》（1140）：「讓」，介詞，被的意思，讓字後面的施事一般不能省略。

修正：還有奇奇怪怪的古代文物讓人大開眼界。

②* 在快開學某一天下午。（1-5-1-11-i）

「在」多餘。

修正：開學前某一天的下午。

③* 所以我的志願是交通指揮官。（1-6-2-14-b）

少了介詞「當」字。《現代漢語辭典》（502）：「官」，政府機官或軍隊中經過任命的、一定等級以上的公職人員。「交通指揮官」應是「交通警察」的誤用。

修正：所以我的志願是當交通警察。

（六）代詞的誤用：

用來代替名詞的詞叫代詞。為了用字精簡，我們常常用代詞取代常常出現的名詞，以減省時間，但是不清晰或錯誤的借代，常常會引起意思不明。

①* 因為我每看著老師在講臺上的身影。（1-6-2-12-b）

實用現代漢語語法（107）：「每」，代詞。不能單用，一般也不能直接與名詞連用，「每」和「名詞」之間，要用量詞或數量詞。在這裡宜用「每天或每次」。

修正：因為我每次看著老師在講臺上的身影。

②* 我們無論做什麼事情，都得靠健康的身體。（1-6-1-19-c）

「我們」移到「都」字前面。

修正：無論我們做什麼事情，都得靠健康的身體。

③* 且盡量<u>不要高熱量</u>的食物，因為它會<u>傷害我健康</u>身體。
（1-6-1-20-c）

　　　「高熱量的食物」是「傷害我們的健康」；少了「吃」；
「且」「身體」宜刪除，「健康」指的就是「身體」。

修正：盡量不要吃高熱量的食物，因為它會傷害我們的
　　　健康。

④* 每個人的長輩不是都去工作照顧小孩與家人的三餐很辛
苦。（1-6-2-06-b）

　　　「每個人的長輩」用「長輩們」代替即可；違反連詞
「不是……就是」的用法；依照常理，「照顧小孩」應該
歸在「打理家人的三餐」同屬，所以「與」移至「工作」
「照顧」的中間；「家人的三餐」前，要有動詞。

修正：長輩們不是去工作，就是照顧小孩或打理家人的三
　　　餐，真的很辛苦。

⑤* 我要畫出美麗圖畫，成為最大的夢想。（1-6-2-01-d）

　　　我要畫出美麗的圖，句子並沒有錯誤，只是無法和下
一句連貫，「我」移到「最」的前面，「要」刪除。

修正：畫出美麗的圖，成為我最大的夢想。

⑥* 我每次看到同學在玩我沒看過的遊戲。（1-6-2-22-a）

　　　「我每次」、「我沒看過」只需要使用一次「我」，
就可以讓讀者明白。

修正：每次看到同學玩著我沒看過的遊戲。

⑦* 就會好奇的湊過去<u>看在玩什麼</u>？（1-6-2-22-a）

　　　「看在玩什麼」缺少代詞「他們」。

修正：就會好奇的湊過去看他們在玩什麼？

⑧*每天我都會餵牠吃飼料，<u>我</u>都會慢慢的游過去吃。
（1-5-2-24-c）

到底是誰游過來吃？應該要有「會游的生物」才對，
而不是作者。

修正：我每天都會餵牠吃飼料，<u>牠</u>都會慢慢的游過來吃。

⑨*哥哥正在玩電腦忍不住跑過去跟他們說：「嗨。」
（1-5-1-02-h）

「哥哥」與「他們」，不知道有一個還是兩個哥哥在
玩電腦？也不知道是誰去和哥哥打招呼？「忍不住」是因
為作者想玩電腦上的遊戲，而不是看見哥哥「忍不住」。

修正：哥哥正在玩電腦，我跑過去跟他們打招呼。

（七）方言及口語使用習慣造成用詞不當：

口語是人們在現想現說的情況下，借助各種輔助手段進行交
際所使用的語言，基本上是用非正式講話的風格說出來的話。方
言，指的是本研究對象所習慣使用的地方語言（閩南語）。 學童
在作文中的用詞，經常受到在家中和家人對話所使用的語言影
響，因此有了病句。湯廷池（1996）認為國語動詞的完成時態，
原是把「了」加在動詞之後而成。但是年輕的一代所使用的國語，
卻在臺語的句法影響及語言規則的趨勢下，以「有」來代替「了」，
並且把「有」加在動詞的前面。於是標準國語的「我打電話給他
了」，就變成臺灣國語的「我有打電話給他（了）」。由此可知，語
言受到潮流的影響，也是可能由偏扶正，成為合於語法的詞句。
曾雅文（2003）認為受閩南語使用習慣影響的用法，其中
「用……」、「用+賓語、用+補語」、「做……」、「跑去+……（處
所），」就犯了用詞不當的錯誤。

1.「有」字的誤用

①＊這些知識如果<u>有</u>記在頭腦裡。（1-6-1-01-b）

　　形容詞不能單獨作「有」的賓語。《現代漢語辭典》（672）：「健康」，形容詞。因此判定本句子為病句。使用上受到臺灣國語的影響。

　　修正：這些知識如果能記在頭腦裡。

②＊<u>如何</u>才能<u>有</u>健康呢？依照專家的說法，例如<u>醫學</u>認為每天都要運動，飲食要一樣。（1-6-1-08-e）

　　「有」健康，受臺灣國語影響。理由同例句①。

　　修正：如何才能擁有健康呢？依照專家的說法，必須每天維持適度的運動，並且控制均衡的飲食。

③＊如果身體<u>沒有健康</u>的話。（1-6-1-18-a）

　　受臺灣國語影響。理由同例句①。

　　修正：如果身體不健康。

2.其他受方言及口語影響的誤用

①＊我才知道，牠背後的殼有那麼<u>有用</u>。（1-5-2-24-b）

　　《現代漢語辭典》（1642）：「用」，名詞，用處。「有用處」較恰當。受臺灣國語影響。

　　修正：這時候，我才知道牠背後的殼是有那麼大的作用。

②＊我的志願要當「<u>出名</u>的美髮師」。（1-6-2-18-d）

　　《現代漢語辭典》（198）：「出名」，有名聲的，名字為大家所熟知的。教育部《國語辭典》：「出名」，聲名卓著。「有名」，很有名聲，為社會人士熟知。雖可通用，但平衡語料庫沒有「出名」的紀錄。因此判定是社

71

會習慣上少用的詞。「出名」用閩南語發音反而比國語唸起來更通順。

修正：我的志願是要當「出色的美髮師」。

③* 即使會有生命危險，我也會拚了老命。（1-6-2-23-c）

　　平衡語料庫：「拚了老命」只有四筆資料；「拚了老命」用閩南語發音反而比國語唸起來更通順，所以本句子是受口語影響。本句尚有語意重覆的問題，「生命」與「老命」只差別在命的長短。

修正：即使會有生命危險，我也會全力以赴。

④* 姑姑說要跟奶奶在樹下坐著休息。（1-5-1-07-d）

　　本句用閩南語發音比國語唸起來更通順，書面語應該是「姑姑跟奶奶在樹下坐著休息」。

⑤* 他是專門買狗的，爸爸就把小白賣掉，我就痛哭了一場。（1-5-1-23-e）

　　坊間買賣狗的販子，叫狗販，作者家的小白被爸爸賣了，可能是被屠宰了，可能是轉賣，「買狗的」、「我就……」都是受方言影響的用法。

修正：他專門收購小狗的人，爸爸把小白賣給他，讓我難過了很久。

⑥* 吃完飯後，我到了我家後面的庭院，坐在小竹椅上納涼。（1-5-1-23-b）

　　《現代漢語辭典》（976）：「納涼」，乘涼。平衡語料庫：「納涼」有三筆紀錄，使用的人不多，再用閩南語發音比國語唸起來更通順，也更常聽到這個詞。

修正：吃過飯，我到後院坐著小竹椅上乘涼。

⑦*<u>通天府那裡有一尊虎爺準備吃很多炮。</u>（1-5-1-15-g）

　　　平衡語料庫：查不到「吃炮」的資料。用閩南語發音就比國語唸起來通順多了，每到鄉土節慶時，神明「吃炮」是很常見的事，在書面語中，卻沒有這樣的用詞。

　　修正：通天府裡有一尊「虎爺」準備吃很多鞭炮。

⑧*<u>接著我們直接去花蓮了開山路必須開很慢也要注意土石流更要注意來車</u>。（1-5-1-05-f）

　　　用閩南語發音「開山路」反而比國語唸起來更通順，本句「開山路」是指開車走山路危險，通句未斷句，也使本句子難解其意。

　　修正：接著我們前往花蓮，開車上山，車速要慢，除了注意來車以外，更要注意土石流。

⑨*<u>我會好好照顧的啦。</u>（1-5-2-08-a）

　　　電視節目為了製造效果，贏得收視率，常有「不合語法的創作」出現，「的啦」就是原住民的口語，但本研究的學生非原住民，這樣的用詞，自然是電視節目看來、學來的，因為作者所寫的作文題目是「我的寵物」，所以修改為照顧「牠」。

　　修正：我一定會好好照顧牠。

⑩*<u>讓他看看我們這個村子後回家跟他玩球玩到累了就不小心睡覺，睡完午睡時就到外面廣場玩到五點左右時。</u>（1-5-2-20-d）

　　　動+賓語，「後」時間表達的專有稱呼，「以後」加陳述句，不會加在祈使句之後。「不小心睡覺」因為累了、疲勞了所以睡覺，而不是「不小心」不留神、不注意。

修正：我想讓牠熟悉這個村子，就帶牠出去玩球，玩累了就睡，睡醒又去廣場玩到黃昏。

⑪＊因為健康給我們能跑、能跳。（1-6-1-01-a）

「健康」名詞，沒有給的能力，不能用「給」，「幸福」、「快樂」是名詞組，應使用「帶給幸福或健康」。《現代漢語辭典》（464）：「給」，動詞，使對方得到某些東西或遭遇。教育部《國語重編辭典》：「給」，當動詞時，有交付、用某種動作對待別人等兩種意思。

修正：因為健康帶給我們幸福、快樂。

⑫＊如果每天能的話，要多吃蔬菜。（1-6-1-15-e）

《現代漢語辭典》（990）：「能」，動詞，助動詞，情態動詞，不能單獨使用。

（929）「每」，副詞。「每天」指示代詞，各個。

修正：如果可以，最好每天多吃蔬菜。

⑬＊有一次牠趁我們睡覺時，把我們家的客廳用得亂七八糟。（1-5-2-16-a）

「用」字不能與後面的賓語或補語搭配，因而產生用詞不當的錯誤，應該把「用」改為可適當表意的詞語。

修正：把我們家的客廳弄得亂七八糟。

（八）助詞誤用：

助詞是幫助詞或短語或句子，表示說話時的神態和語氣的詞。《實用現代漢語語法》（354）：漢語的助詞是由一些功能很不相同的虛詞組成的，但有共同的特點。1.絕大多數助詞都黏附於實

詞、短語或句子，不能單獨使用。2.只表示語法意義，沒有實在的詞彙意義。3.由於處於附著的地位，一般都讀輕聲。

①＊想把自己的聲音，唱給全世界聽。（1-6-2-08-b）

　　　　「的」助詞「全世界」不是生物，要加「的○」具聽力的生物才可以。

　　修正：想要把自己的聲音，唱給全世界的人聽。

②＊有些人的志願的升官發財。（1-6-2-12-a）

　　　　「的」助詞使用錯誤。

　　修正：有些人的志願是升官發財。

③＊運動不是一天二天，的事情要每天的持續的運動。（1-6-1-15-c）

　　　　結構助詞使不當，「每天的」的字使用有誤。「一天二天，的事情」，標點位置錯誤。「運動」重覆，宜刪除後句「的運動」。

　　修正：運動不是一兩天的事情，要每天持續不間斷。

④＊如果沒有健康的身體就不能去做自己想做呀！（1-6-1-21-a）

　　　　嘆詞「呀」使用不當，「做」的後面不能加「呀」，宜在「自己想做」的後面加「的事」。

　　修正：如果沒有健康的身體就不能做自己想做的事！

⑤＊如果是一個人沒有了健康，即使有了財富、地位、權利等。也沒有什麼意義呢？（1-6-1-08-a）

　　　　「誤用動詞、介詞」，「是」刪除，「即使」和「也」搭配有轉折之意，就不必加「呢」來否定。

　　修正：一個人如果不健康，即使擁有財富、地位、權利等。
　　　　　又有什麼意義呢？

⑥* 除了均衡的營養外，還要多運動，生活作息正常。（1-6-1-
11-c）

　　　　《現代漢語辭典》（1218）：「生活」，名詞。（1827）：
　　「作息」，動詞。（1738）：「正常」，形容詞，符合一
　　般規律或情況。缺少能願動詞「要」。

　　修正：除了均衡的營養外，還要多運動，生活作息要正常。

⑦* 運動可以<u>使人</u>的精神比較好。（1-6-1-15-b）

　　　　「使人的」、「使人」查平衡語料庫也未見的用法，
　　但有句「長安不見使人愁」，在本句子中，「使人」不加
　　「的」較通順。

　　修正：運動可以使人保持好精神。

⑧* 因為有健康的身體，你才會有幸福、快樂的人生<u>喔</u>！
　　（1-6-1-17-e）

　　　　「喔」語氣助詞，宜刪去。「喔」是偏口語用法。不
　　是書面語。

　　修正：因為有健康的身體，你才會有幸福、快樂的人生！

三、生造詞語

　　詞彙是一個開放的系統，不斷地有新詞產生，但是這些新
詞必須符合漢語的構詞規律，語意必須透明，否則會造成理解
的困難。在國語教科書中應該避免任何的新造詞語。（陳光明，
2007）

　　所謂「生造詞語」在語言的使用發展過程中，隨著新詞新語的創造，也出現了一些生造的詞語。這種詞語，一般說來，含義不清楚不明確，沒有科學的規範的釋義，不符合漢語的構詞規律和規範，有的還與漢語中已有的詞語相衝突，而且令人難解。（金錫謨，1995）

　　所謂生造詞語，實際上是除了表達者自己懂得之外，誰也不理解或很難理解的詞語。（孟建安，2000）

①*<u>即以</u>秦始皇的焚書坑儒。（1-6-1-23-e）

　　　　「即以」是作者想用「即便是」，卻誤用成即以。

　　修正：即便是秦始皇的焚書坑儒。

②*可見<u>既使</u>你擁有許多金銀財寶，如果沒有一個健康的身體，<u>也沒有命</u>去花。（1-6-1-20-b）

　　　　「可見」應改為無福消受。「既使」是「即使」的誤用。「沒有命」受口語影響的詞語。

　　修正：即使你擁有許多金銀財寶，如果沒有一個健康的身體，也無福消受。

③*如果我擁有了健康的身體，我會好好照顧<u>成體</u>。（1-6-1-21-d）

④*如何才能有一個健康的<u>生體</u>呢？（1-6-1-24-c）

　　　　③「成體」④「生體」都是身體的誤用，「成體」在前句已有身體，後句可以代詞「它」代替。而④是音近「ㄣ」和「ㄥ」造成的誤用。

　　修正③：如果我擁有了健康的身體，我會好好照顧它。

　　修正④：如何才能有一個健康的身體呢？

⑤*我要先去學物理和科學，因為那<u>兩樣路</u>都是我喜歡。（1-6-2-10-a）

　　「兩樣路」是受母語影響造成的誤用，作者應該是要表達「物理和科學」兩樣學識。「物理和科學」是專門學科知識，不宜用「路」表達。

修正：我要先學物理和科學，因為這兩門學問都是我喜歡的。

⑥*如何才能獲得健康呢？依照<u>名家</u>的說法是。（1-6-1-23-i）

　　「名家」應為「名人專家」的誤用。但本句子中，作者想要談的是「健康」，是具專業性的學問，所以不是名家，也不是名人專家，而應以「專家」表達更為貼切。

修正：如何才能獲得健康呢？依照專家的說法是。

⑦*<u>炎火</u>夏日，氣溫上升，使人終日懶洋洋。（1-5-1-03-a）

　　「炎火」應是「炎炎」的誤用。

修正：炎炎夏日，氣溫升高，使人終日懶洋洋。

⑧*即使擁有財富、愛情、<u>名位</u>、權利等。（1-6-1-26-a）

　　「名位」是「名利地位」的誤用。

修正：即使擁有財富、愛情、名利地位、權利等。

⑨*不但能夠專心一<u>致</u>的念書，求取優異的成績報<u>得</u>父母。（1-6-1-09-e）

　　「一致」趨向相同，「專心」專一心思，集中心力。所以本句用一意比一致恰當。「報得」是「報答」音近字的誤用。

修正：能夠專心一意的念書，求取優異的成績報答父母。

⑩*很高興可以在此分享我和寵物的<u>輕生經歷</u>，可以說是把家裡搞得天翻地覆、雞飛狗跳。（1-5-2-17-a）

　　《現代漢語辭典》（1110）：「輕生」，動詞，不愛惜自己的生命。（1105）：「親身」，副詞，親自。作者想表達的是自己和寵物相處的情形，所以判定為「親身」才對，是音近字的誤用，也是因為作者不解「輕生」的意思而誤用。

　　修正：很高興可以在此分享我和寵物相處的親身經歷。

　　從以上十個句子的錯誤中，我們發現，兒童其實有能力自己找出不當的生造詞語，卻往往忽略了，所以作文教學過程，一定要讓學生在寫作完畢時，先自行修改；九年一貫課程能力指標 F-2-5-1-1 能從內容、詞句、標點方面，修改自己的作品。許多指導作文的專家亦有相同看法。江惜美（2000：158-159）作文答問、因為，古今中外多少名家作品是經過無數次修改，才能創造出膾炙人口的佳作。饒傑騰、王間漁（1999：216）在中學語文卷還另闢專章討論怎樣指導學生自改文章；林瑞景（2000）《創意作文批改範例》中，也有相關見解。

四、綜合討論

　　詞是句子的要件，句子是文章的基礎，也是決定文章好壞的重要因素。所以把每一個詞句寫得通順、寫得明瞭，是需要技巧和學問的。學生用詞不當、生造詞語這些毛病，只要用詞時多加留意，細細推敲，自然能避免犯下這類型錯誤了。

第三節　句子結構

　　文章中，句子的使用殘缺不全或多餘、搭配不當、語序紊亂或句式雜糅，只要使用不得當，就像一個人穿著不得體一樣，不同場合要做不同的打扮，不同的文章，要運用不同的句子，且要有變化，更要變得讓人覺得順眼舒服。

一、成分殘缺不全

　　殘缺是指結構不完整，缺少必不可少的成分。在句字中如果欠缺了詞語，動語或名詞等，以致對象或動作不明確。

　　陳光明（2003）認為句子是由述語動詞或形容詞投射而成，所有的必用論元都必須出現，如果省略了某一部分就會造成病句。另外，各個成分之間的連接成分也必須恰當使用，符合現代漢語的規律。

①*還可以排除<u>生中</u>忙碌而產生的緊張情緒。（1-6-1-13-f）

　　　　漏字問題，「生中」應為「生活中」的誤用。

　　修正：還可以排除生活中，因為忙碌而產生的緊張情緒。

②*如果沒有健康的身體就不能去做<u>自己想做呀</u>！（1-6-1-21-a）

　　　　缺少賓語，「不能做自己想做的」什麼事，並未交代清楚；少了助詞「的」。自己想做的事」為宜；助詞「呀」使用不當。

　　修正：如果沒有健康的身體就不能做自己想做的事！

③* 我們<u>見</u>在是少年<u>時代</u>。（1-6-1-09-d）

少了助詞「的」；「見在」是「現在」的誤用；「時代」某一階段、時期。例如：冰河時代、銅器時代。是歷史中的其中一段。所以不宜用「時代」，應該是少年時期。

修正：我們現在正是少年時期。

④* 且盡量<u>不要高熱量</u>的食物，因為它會<u>傷害我健康</u>身體。（1-6-1-20-c）

少了動詞「吃」；代詞的誤用，「傷害我們」較恰當。

修正：而且盡量不要吃高熱量的食物，因為它會傷害我們的健康。

⑤* 五下的時候，班上來了一個轉學生。（1-6-2-18-b）

縮寫造成的誤用。

修正：五年級下學期時，班上來了一個轉學生。

⑥* 健康是人生<u>最</u>的幸福。（1-6-1-20-a）

漏字問題，「最」無與倫比的、到達頂點的。如：「最好」、「最大」，所以「最」字後面要加形容詞。

修正：健康是人生最大的幸福。

⑦* 例如愛滋病<u>之一就是一個例子</u>。（1-6-1-26-b）

「其中」當中，在這中間。作者要談的是「愛滋病」是他所要談的例子之一，所以要加「其中」。

修正：例如愛滋病就是其中之一的例子。

⑧* 為了維護治安就要把為害社會的人。（1-6-2-27-c）

「就要」，查平衡語料庫沒有這樣的句子，用「就是必須要」比較完整。後句「把為害社會的人逮捕」少了動詞。

修正：為了維護治安必須把為害社會的人逮捕。

⑨* 我們本來要去一零一的頂樓。（1-5-1-05-c）

「一零一」是大廈的簡稱、俗稱，不加「大樓或大廈」可能造成誤解。

修正：原本我們想去一零一大廈的頂樓。

⑩* 我跟爸爸去買<u>票</u>之後我們進去了。（1-5-1-08-c）

缺少賓語，「買票」讓人有不知買什麼票的感覺，所以宜加上買「門票」較為恰當。

修正：我跟爸爸去買門票後進入園區。

⑪* 如果保持不好，就無法做大事業。

此句的結構成分，缺乏主語，形成主語殘缺，因此無法得知究竟「什麼」保持不好，就無法做大事業，故判斷這一例句是病句。

修正：「身體」如果保持不好，就無法做大事業。

⑫* 我擔心牠<u>有天</u>一定會死去。（1-5-2-01-g）

「擔心」是不一定會發生的事，「一定」預料會發生的，這裡有搭配不當的問題；「有天」是「有一天」的漏字偏誤。

修正：我擔心牠<u>有一天</u>會死去。

⑬* <u>一開始牠每晚就一直叫</u>。（1-5-2-05-c）

主謂語不完整、錯置，致使句子無法順暢明白。

修正：剛來我家的時候，牠每晚都一直吵。

⑭* 如果牠在叫就要把牠抓去丟。（1-5-2-05-d）

「在」是「再」的誤用；「叫」如果是合理的叫，應該不致於抓去丟掉，所以應加「亂」字，比較合乎邏輯。

修正：如果牠再亂叫，就要把牠抓去丟掉了。

⑮* 一下子就會把全部吃光光。（1-5-2-24-d）

　　　　缺少主語，未交代是誰把什麼吃光光。

　　修正：牠一下子就會把〇〇全部吃光光或把全部的〇〇吃光光。

⑯* 早上時，我帶著小狗到處逛逛。（1-5-2-10-b）

　　　　「早上時」，不能知道是什麼時候或那一天的早上？

　　修正：每天早上，我會帶著小狗到處逛逛。

⑰* 但是爸媽卻不讓我義，終於吵了一二天爸媽終於肯給我義。（1-5-2-20-c）

　　　　吵了幾天，爸媽終於答應讓我養〇〇了。「義」是「養」的誤用；賓語不完整，從句子中看不出到底要養什麼？「終於吵了」和「終於肯讓我」重覆。

　　修正：吵了幾天之後，爸媽終於答應讓我養〇〇了。

⑱* 注意衛生要注意飲食衛生。（1-6-1-10-d）

　　　　因為少了加強語「特別是」。

　　修正：注意衛生「特別是」要注意飲食衛生。

⑲* 我們能有一個健康的身體，就要好好的照顧。（1-6-1-12-d）

　　　　「能有」錯誤。

　　修正：我們能夠擁有一個健康的身體，就要好好的照顧。

二、搭配不當

　　所謂成分搭配是指句子各成分在語意及語法上的組合規律。如果我們能夠對成分不搭配的問題多一份心思，文句一定會更周密準確。搭配不當是指違背詞語之間的組合規律。句子是不同成

分組合而成的，這些構成成分間的組合實際上就是成分與成分之間的搭配。關於搭配的問題，要看是否符合邏輯，還要看是否符合語法，也要看是否符合修辭。不符合邏輯、不符合語法、不符合修辭的搭配，便是錯誤的。（孟建安，2000）

　　句子由各個不同的成分組合而成，各個成分之間的組合也就是搭配，搭配必須符合語法、修辭與邏輯。如果不符合，就會產生病句。（陳光明，2006）

①* 飲食要均<u>勻</u>。（1-6-1-03-b）

　　　　「飲食」是主語，「均勻」是謂語，《現代漢語辭典》（1628）：「飲食」，名詞，指吃的和喝的東西。《現代漢語實詞搭配辭典》（616）：名詞＋「均勻」，有雨水、溫度、水量……「均勻」大多用在自然現象，《現代漢語實詞搭配辭典》（1435）：「飲食」＋形容詞，有飲食乾淨、飲食衛生、飲食清潔……所以「飲食」不宜使用均勻搭配。

　　　　修正：飲食要正常。

②* 我覺得讀書不一定要<u>加班</u>才能啊！（1-6-1-06-b）

　　　　主謂搭配不當、動賓搭配不當。「加班」於規定工作時間外，再增工時，以加速工作進度。讀書時間很長，應該是「熬夜」，本句搭配不當，工作才適合用「加班」。

　　　　修正：我覺得讀書不一定要熬夜啊！

③* 有了健康的身體，才有求學的<u>能力</u>。（1-6-1-09-a）

　　　　主謂搭配不當，《現代漢語辭典》（990）：「能力」，名詞，能勝任某項任務的主觀條件，例如：有能力擔任這項工作。（1122）：「求學」，動詞，到學校學習，例如：

刻苦求學。「健康的身體」和「體力」有關，和「能力」是不相關的。「了」刪除。

修正：有健康的身體，才有求學的本錢。例①②③都是因為不理解「被表述對象」與表述者的性質造成的。

④* 雖然現代<u>科技</u>發達，任何病都有藥可醫治。（1-6-1-12-c）

「科技」科學技術。例如：科技人才、科技技術。「<u>生病</u>」應該是找醫師，所以用「醫術發達」、「醫學發達」搭配。

修正：雖然現代醫學發達，任何病都有藥可醫治。

⑤* 為了健康，每天要多喝水、魚和攝取蔬果。（1-6-1-15-d）

從這句話的意思加以分析，作者想要表達的是：多喝水、多吃魚並且攝取蔬果的營養，就可以讓身體健康。「魚」這個名詞前面少了動詞，因為，「要」的後面應該是動詞，而喝水、魚和攝取蔬果，使用「和」字作連接，表示應皆屬於動詞組，因此必須將「魚」也修正為動詞才能符合句子使用原則。故應在魚的前面加上「吃」使其成為動態組，多「喝」水，多「吃」魚，是動詞不搭配。

修正：為了健康，每天要多喝水，多吃魚、蔬菜和水果。

⑥* 如果身體<u>有病</u>，或者是<u>缺失</u>。（1-6-1-05-a）

《現代漢語詞典》（1135）：「缺失」，當名詞時，有缺陷、缺點之意；當動詞時有缺少的意思。例如：工作上的缺失、處理事情的缺失，所以「病」和「缺失」不能搭配。

修正：如果身體生病，或者不舒服。

⑦*環境如果不衛生，我們所吃的食物裡，也有許多灰塵。
（1-6-1-15-g）

　　環境不衛生和「食物」的「灰塵」影響尚且不大，《現代漢語辭典》（604）：「灰塵」，灰土。例如：午後捲起一片灰塵。與「食物」不搭配，改用「細菌」。「裡」為「理」的誤用。

修正：環境如果不衛生，我們所吃的食物裡，也許有許多細菌。

⑧*在醫院裡<u>看到</u>有些病人哀痛的<u>聲音</u>。（1-6-1-25-a）

　　《現代漢語辭典》（1223）：「聲音」，聲波通過聽覺所產生的印象。例如：他聽見敲門的聲音。因此，「看到」與「聲音」是不能搭配的詞，應改成「聽到」。

修正：在醫院裡聽到許多病人哀痛的聲音。

⑨*我想要畫出美麗、帥氣的人物與風景，風景也畫出讓人讚嘆不已。（1-6-2-01-b）

　　狀語「美麗的」相對應的是「人物」；「帥氣的」相對應的是「風景」，句中位置排列錯誤，也就造成了狀中不當的錯誤。

修正：我想要畫出帥氣的人物、美麗的風景，要畫得讓人讚嘆不已。

⑩*防止被他入侵成功，希望我能順利升為少校。（我的志願1-6-2-23-d）

　　「入侵」由外向內發動侵略，常指國家或民族之間的戰爭。如：「匈奴入侵」。與「成功」是相反詞，不搭配。

修正：希望能防止敵人入侵，順利榮陞少校。

⑪*有人喜歡吃麵有的人喜歡吃飯……等每個人的<u>看法</u>都不同。（1-5-1-01-a）

　　《現代漢語辭典》（763）：「看法」，名詞，對客觀事物所持的見解。例如：兩人看法一致。《現代漢語辭典》（1460）：「喜好」，喜歡、愛好。依上得知，喜歡吃什麼，宜用「喜好」。

　　修正：有人喜歡吃麵、有人喜歡<u>吃米飯</u>，每個人的喜好都不同。

⑫*大家就<u>有志一同</u>的出發了。（1-5-1-08-b）

　　「有志一同」是「志趣、看法相同」，《現代漢語辭典》（196）：「出發」，動詞，離開原來所在的地方，到別的地方去。顯然，兩句子之間是不相關的，犯了主謂不搭配的偏誤。「一起」表示一種情狀。

　　修正：大家就一起出發了。

⑬*他在吃時很開心又很可愛。（1-5-2-20-b）

　　「吃時很開心」是心情與「又很可愛」是形容外表或樣子，兩句賓語不搭配；「又」表示意思更進一層，在這句子中，使用不當，宜用「也」字。

　　修正：牠吃得很開心，樣子也很可愛。

⑭*陽光很大又很亮。

　　《現代漢語辭典》（1756）：「陽光」，名詞，日光。例如：陽光充足。通常我們說陽光很強或陽光炎熱，會說太陽很大，在本句中，主語「陽光」與謂語「很大」和「很亮」搭配不當，因此我們可以判定它是病句。

　　修正：陽光很強又刺眼。

⑮*有一年，我在夜市時<u>我</u>看一隻<u>看起</u>很可愛的流浪狗。
（1-5-2-20-a）

　　「夜市」是空間詞，只有「動作」才會加「時」，指在夜市那個地方；「看一隻」應為「看到一隻」。所以本句是「夜市」和「時」不能搭配。

修正：有一次，我逛夜市的時候，看到一隻很可愛的流浪狗。

三、成分多餘

　　句子的結構完整，語意表達清楚、明確，卻又添加上不必要的成分就會造成成分多餘。也就是「贅餘」，意指使用多餘詞語。在語句中，本來正常的結構上，任意加上與表意無關的詞語，致使語言囉唆累贅，並造成語法、語義上的錯誤，就稱之為「多餘」。（金錫謨，1995）

①*擁有<u>健康的身體</u>就要持續運動可以使<u>身體健康</u>。（1-6-1-10-c）

　　賓語重覆，「健康的身體」、「身體健康」謂語重覆。宜刪除「可以使身體健康」。或在「身體」和「健康」中間加入「更」，也可以通順。

修正：擁有健康的身體就要持續運動，才能使身體更健康。

②*我的志願是當中華隊女籃的成員。大家一定會問我為什麼？我一定要當中華隊女籃的成員。（1-6-2-20-a）

　　在這個句子中，為什麼後面的答案，已在前面「我的志願是當中華隊女籃的成員」出現，無須贅述。

修正：我的志願是「當中華隊女籃的成員」。大家一定會
　　　問我為什麼？

③*<u>像電視上的節目</u><u>像公視的一個節目</u>就是描<u>術</u>一個男生。
　（1-6-1-21-b）

　　　「像電視上的節目」、「像公視的一個節目」只取一
　　句即可，否則造成冗句。

　　修正：像公共電視節目裡的一個男生。

④*我希望讓<u>那些沒飯吃的人</u>吃到我做的料理，還有讓<u>大家</u>一
　起<u>吃我作的料理</u>。（1-6-2-16-b）

　　　謂語重覆，只要把「那些沒飯吃的人」和「大家」改
　　成「我希望的每個人都有機會吃到我做的料理」。

　　修正：我希望的每個人都有機會吃到我做的料理。

⑤*我們看到<u>乞丐</u>我就會去做很多的料理給全世界的<u>乞丐</u>
　吃。（1-6-2-16-c）

　　　看到「乞丐」與給全世界的「乞丐」，只需統稱「他
　　們」，本句修正為：看到乞丐那麼可憐，我就想做很多料
　　理給他們吃。

　　修正：看到乞丐我就會產生憐憫之心，想做很多料理給他
　　　　　們吃。

⑥*<u>到了花蓮的時後</u>已經很晚了大約十二點多了我就先睡覺
　<u>然後隔天的時候</u>又要去玩很多東西接著我們就回家了。
　（1-5-1-05-b）

　　　到了「的時候」、隔天「的時候」，兩句都宜刪除。
　　「然後隔天的時候」，《現代漢語辭典》（1138）：「<u>然
　　後</u>」，表示一件事情之後接著又發生一件事情。《現代漢
　　語辭典》（461）：「<u>隔天</u>」，動詞。

修正：到了花蓮，已經晚上十二點多，我們先休息睡覺，
　　　隔天還要去很多地方玩。

⑦*姑姑又說要我們去公園玩，所以姑姑就開車子帶我們去公
　園玩。（1-5-1-07-d）

　　　作者不會代詞，「姑姑」可以利用回指，用「她」代
替，所以出現重複用法。前句「姑姑『又』說要我們去公
園玩」，「又」可以省略。

修正：姑姑說，要帶我們去公園玩，所以她就去開車，載
　　　我們到公園。

⑧*我們要有健康的身體才沒有痛苦的人身。（1-6-1-03-c）

　　　代詞「我們」是多餘的，宜刪除；人「身」改為「人
生」。

修正：要有健康的身體，人生才不會痛苦。

⑨*營養要均衡不遍食要吃的水果、蔬菜是一定要吃的。
　（1-6-1-09-c）

　　　謂語重覆，「要吃」、「一定要吃」，重複。「遍」
是「偏」的誤用。

修正：營養要均衡，多吃蔬菜、水果，不偏食。

⑩*食物的選用，以多選用新鮮食物為原則。（1-6-1-13-d）

　　　賓語重覆，「多選用」、「食物」宜刪除。

修正：食物的選用，應以新鮮為原則。

⑪*且如果你健康，你會過很快樂。（1-6-1-17-c）

　　　「且」宜刪除；缺少副詞，「過」很快樂，不妥。「過
得」才恰當。

修正：如果你身體健康，就會過得很快樂。

⑫* 如果身體<u>沒有健康</u>的話。（1-6-1-18-a）

　　「沒有健康」成分多餘，用「不健康」即可。

　　修正：如果身體不健康。

⑬* 像如果身體不健康可能<u>行動會不方便</u>。（1-6-1-18-b）

　　「像」宜刪除；關聯誤用，「如果……就」才正確。

　　修正：身體如果不健康，行動可能就會不方便。

⑭* 即使擁有很多的財富、愛情、很好的名聲、權利等，於己<u>又有何什麼意義存在</u>呢？（1-6-1-22-b）

　　「存在」多餘；「有何」就是「什麼」都是問句；「愛情」很多，就不好了，所以這個句尚存在搭配不當的問題。

　　修正：即使擁有很多財富、權利，很好的名聲、愛情，對自己又有什麼意義呢？

⑮* 是一個人失去了健康，即使擁有很多財富，也沒意思。（1-6-1-23-a）

　　「是」一個人，這句子讓人聯想到，「是一個人的話，就要……」，刪除「是」，用「如果」替換。

　　修正：如果一個人失去了健康，即使擁有很多財富，也沒意思。

⑯* 太胖的話，還有最好不<del>要食用</del>垃圾食物。（1-6-1-15-f）

　　「還有」宜刪除。

　　修正：太胖的話，垃圾食物最好不要食用。

⑰* 人類死亡的原因<u>幾乎都是</u>，依序是：第一、疾病：例如：愛滋病、肺結核、心臟病等，於今都是名列世人死亡的十大疾病之一。（1-6-1-23-b）

　　「幾乎都是」在此句子中，沒有意義。

修正：人類死亡的原因，依序是：愛滋病、肺結核、心臟
　　　病等，這些都是當今十大死亡疾病之一。

⑱* 第二戰爭：自有人類以來都說，大小戰爭不斷。（1-6-1-23-c）
　　「都說」，無意義。

修正：自有人類以來，大小戰爭不斷。

⑲* 七月一日是暑假的第一天，這天表哥他們回來時，我和姑
　　姑在房裡玩大老二。（1-5-1-02-a）

　　　一般而言，國內的小學生，暑假的第一天就是七月
　　一日。

修正：暑假的第一天，表哥他們回來的時侯，我和姑姑正
　　　在房裡玩大老二。

⑳* 我們一進去就去玩咕咕列車，在玩的過程中，媽媽很害怕
　　所以叫得很大聲，害我嚇到。（1-5-1-11-d）

　　　「去玩」和「在玩」已重覆使用了「玩」字。

修正：我們玩咕咕列車的過程中，媽媽害怕的尖叫聲，反
　　　而讓我驚嚇到。

㉑* 希望下次的暑假我很期待能夠再去澎湖玩。（1-5-1-26-e）
　　　「希望」、「期待」述語動詞重覆。

修正：我期待明年暑假還能再去澎湖玩。

㉒* 所以我的志願是能當個「動物的醫生」，這麼樣就可以救
　　很多很多的動物了。（1-6-2-11-c）

　　　「很多」一次就可以表示了，因為作者是高年級學
　　生，不適合再用兒語了。

修正：所以我的志願是當一個「動物醫生」，這樣就可以
　　　救很多動物。

㉓*我和我媽媽去朋友家玩<u>的時候</u>，就看見一隻小狗很可愛。
（1-5-2-05-b）

　　「的時候」和「我媽媽」的「我」多餘；去朋友家，讓人不知道是去誰的朋友家，所以要加「她的」；定語紊亂，「可愛」宜在小狗的前面。

修正：我和媽媽去她的朋友家玩，看見一隻很可愛的小狗。

㉔*有一次的晚上小白在外面睡覺的時候有人對小白下藥。
（1-5-2-07-c）

　　《現代漢語辭典》（225）：「次」，用於反覆出現的。所以改為「有一天」；「的時候」刪除；「下藥」之後，應該要有結果。

修正：有一天晚上，小白睡在外面，被人下藥……

㉕*<u>在去年的時後</u>，媽媽走了。（1-5-2-09-a）

　　語句使用，欠明白，無法推測作者的原意。

修正：去年這個時候，媽媽走了。

㉖*我回來時看到小兔子不見呢我非常非常緊張呢找了一天一夜還是找不到明天我還是一直找。（1-5-2-12-d）

　　「非常」用一次即可表達緊張，無須使用兩次；「呢」是「了」的近聲字誤用；「明天」尚未來臨，這裡宜用「隔天」。「一直找」可以用找了很久代替。

修正：回家後，我發現小兔子不見了，我非常緊張的一直找牠。

㉗*所以我要努力的讀書，到了未來才可以當個能救動物的「動物的醫生」。（1-6-2-11-f）

「未來」太遙遠了，用「將來或長大後」更貼切；「動
物醫生」本來就是救動物的，不用重覆。

修正：為了實現這個願望，我要努力讀書，長大以後才可
以當「動物醫生」。

㉘*跑到客廳旁的廚房裡吃<u>放在地上的波菜葉</u>。（1-5-2-01-e）

「裡」方位詞，客廳「旁」也是方位詞，刪除裡字；

修正：跑到客廳旁的廚房，偷吃放在地上的波菜葉。

四、語序紊亂

漢語中，詞語的句子成分在句子中處在什麼位置，除了靈活
性的一面，最多的還要受到限制。如果無條件地突破這種限制，
就會出現語序紊亂的錯誤。（孟建安，2000）字詞排列不當，令人
感到疑惑，在一句主動的句子上，施事者不可寫在動語之後，否
則會意思不通。通常情況下，主語在前，謂語在後；動詞在前，
賓語在後；修飾語在前，中心語在後；多項修飾語連用也要按性
質排列序，違反了這些語序規則，就會出現語序不當的語病。（陳
一，2002）語序不當是指詞語順序安排不當，或者說詞語位置放
得不對。任何一個句子都是用一定的造句手段有兩個，一是詞序
（或稱做語序），二是虛詞。兩者在運用中也常出現錯誤，從而使
句子結構混亂、句意不通。這類錯誤有詞序紊亂和虛詞運用不當
兩種。（金錫謨，1995）

①*怎樣才能使身體健康呢？當然要<u>第一</u>、持續運動。
（1-6-1-02-a）

《現代漢語辭典》（301）：「第一」，序數詞。《現
代漢語辭典》（271）：「當然」，副詞。而副詞是用在

動詞、形容詞或主謂詞組前面，不能用在數詞前面。宜改為「第一當然要……」。

修正：怎樣才能使身體健康呢？第一、要持續運動。

②*健康如果<u>保持</u>不好，就無法做大事業。（1-6-1-10-a）

「如果」連詞，連詞只有連接作用，沒有修飾「保持」的作用。

修正：如果健康狀態不好，就無法做大事業。

③*時常洗手和均衡飲食等都<u>有關</u>身體的健康。（1-6-1-12-b）

「有關」牽涉、涉及。如：「他們一起研究<u>有關</u>表演技巧的問題。」此句宜改為「都和身體的健康<u>有關係</u>」。

修正：時常洗手和均衡飲食，都和身體健康有關係。

④*我現在才知道健康的重要，<u>由此可見</u>。（1-6-1-24-f）

「由此可見」是由某件事看出另一件事的端倪，所以要放在句首。

修正：由此可見，健康的重要。

⑤*影響健康的因素，有身體的，<u>環境</u>，也有心裡的。（1-6-1-06-a）

「身體，環境，心裡」作者要講的是影響健康的三個因素，所以要有順序的由內而外，如：「心理的、身體的、環境的」，依序而寫。

修正：影響健康的因素，有生理的也有心理的。

⑥*在我大約三年級的時候，二嫂告訴我長大要當美髮師。（1-6-2-18-a）

主語語序不清楚、位置不正確，是二嫂長大，還是作者長大要當美容師？

修正：在我三年級時，二嫂告訴我：你長大要當美髮師哦。

⑦*「當美髮師手有時會起水泡，又說妳唱歌好聽是可以當女歌手。」但我也還是想當「美髮師」。（1-6-2-18-c）

作者把兩件事雜糅在一起，當美髮師和歌星混在一起了。所以在這裡只取美髮師這件事，把插進來的「歌星」這件事刪除。

修正：「當美髮師很辛苦，他們的手常因為泡水而起水泡。」但我還是想當一位「髮型設計師」

⑧*專門設計那種既可以連線對戰，又可以算是一個人玩的單機遊戲。（1-6-2-22-b）

「一個人」和「連線」，應該先寫「一個人」，遵守由少而多，由簡而繁的原則。

修正：專門設計可以一個人玩的單機遊戲，也可以連線對戰的遊戲。

⑨*這樣就能使國家繁榮，步入軌道，讓國家蒸蒸日上，邁入一個新世紀。（1-6-2-23-b）

國家都繁榮了，又冒出「步入軌道」不妥。

修正：這樣就能使國家步入軌道、邁向繁榮，邁入一個新的世紀。

⑩*方法②：我們還可以一筆收入，我有一筆收入要先養活自己。（1-6-2-25-d）

形容詞使用錯誤，「可以」是能願動詞，後面不能加數量詞，「可以一筆收入」缺少「有」；「一筆收入」重覆，宜刪除其一。

修正：好處二：我們可以有一筆收入養活自己。

⑪*我們也看妹妹常常口吐白沫時，趕緊送牠去醫院。（1-5-1-22-e）

　　　「也」副詞位置有誤，

　　修正：我們看到妹妹也常口吐白沫，就趕緊送牠去醫院。

⑫*當警察必須進入軍警學校然後還要經過考試並不是一件很簡單的事。（1-6-2-27-b）

　　　教育部《國語小字典》：「當」，表示正值。如：「正當其時」。而本句子的作者尚未考進警察學校，而是談論如果「想當警察」的條件，所以宜加上「想」字。關聯使用不當，教育部國語辭典：「然後」表示接某種動作或情況之後。作者先寫「進入」再提「然後」經過考試，語序有誤。

　　修正：想當警察必須先考進警察學校就讀，只是想要通過考試，並不是那麼簡單的事。

⑬*媽媽說要帶我、弟弟和爸爸一起出去玩。（1-5-1-11-b）

　　　媽媽和「爸爸」是同輩，不可以把「爸爸」擺在「我、弟弟」的位階上。

　　修正：媽媽說，她和爸爸要帶我跟弟弟一起出去玩。

⑭*妹妹也不幸被傳染了，最後就死了。（1-5-1-22-d）

　　　妹妹不幸「也」被傳染，最後死了。「也」副詞位置有誤。

　　修正：妹妹不幸也被傳染，最後也死了。

⑮*如果沒有健康的身體，家裡再有錢也沒用，而且生病不能出去玩。（1-6-1-16-a）

　　　語序紊亂、關聯有誤，「如果……」和「……而且」不能併列，改用「因為」比較恰當。

修正：如果沒有健康的身體，家裡有再多的錢也沒用，因
為生病了就不能出去玩。

⑯* 我打了叮欠覺得很疲倦，當我關了燈，走到床上的時候。
（1-5-1-23-d）

「叮」是「哈」的誤用；因為「疲倦打哈欠想上床睡
覺」，或是因為「上床睡覺很疲倦」，作者用詞讓人不明
白他想表達的是什麼？

修正：當我關了燈，走到床邊的時候，我打覺得很疲倦，
猛打哈欠。

⑰* 突然妹妹站起來了。（1-5-2-01-b）

《現代漢語辭典》（1378）、《漢語形容詞用法詞典》
（207）：「突然」，作謂語，例如：他的思想變化太突
然；作定語，例如：突然事件；作補語，例如：他死得太
突然；作賓語，例如：我感到很突然；作中心語，例如：
這件事情太突然了。由此可知，「突然」不能用在句首。
形容詞，在短促時間裡發生，出乎意料。形容情況發生急
促且出人意外。

修正：妹妹突然站起來了。

⑱* 因為牠毛像雪一樣的白。（1-5-2-01-c）

「的」助詞位置偏誤。

修正：因為牠的毛像雪一樣白。

⑲* 還記的有一次，我小時候有二隻小狗。（1-5-2-07-a）

「還記的」是「還記得」的誤用；「小時候」宜調至
「還記得」之後。

修正：還記得小時候，我養過二隻小狗。

⑳*還在小水缸裡悠遊的游著呢！日正當頭時，大家要吃午飯了。（1-5-2-22-b）

　　《現代漢語辭典》（529）：「還」，副詞，表示現象繼續存在，或動作繼續進行。所以「還在」小水缸裡⋯⋯應該用在後句。

　　修正：大家吃午飯時間到了，牠還在小水缸裡自在的遊著呢！

㉑*每次新聞都會播報警察逮捕犯人的功績。（1-6-2-27-a）

　　《現代漢語辭典》（929）：「次」，副詞，表示同一動作行為有規律地反覆出現。教育部《國語辭典》：「每次」引申為時常。新聞報導中，不會天天都有警察抓犯人的事，引用「每次」不恰當，改用「經常」。引用位置也不對。《現代漢語辭典》（476）：「功績」，名詞，功勞和業績。警察抓犯人是本份，雖有功勞，卻不是在抓到犯人當下即獎賞，所以用詞不當。

　　修正：電視新聞經常播報警察逮捕犯人的英勇事蹟。

㉒*生小一點的病會讓人渾身不舒服。（1-6-1-07-b）

　　修正：生一點小病，就會讓人渾身不舒服。

五、句式雜糅

　　《現代漢語辭典》（1692）：「雜糅」，指不同的事物混在一起。「句型雜糅」是指把不同句子的說法硬糅在一起，造成結構上的混亂。

（一）兩式相糅

說話寫作時，既想用這種句式，又想用那種句式，結果把兩種句式，生硬地糅合在一起，造成句子結構上的混亂。（孟健安，2000）

①＊就像黃招榮一樣在二十三歲的一週固定去洗腎三次的痛苦。（1-6-1-03-a）

作者想表達的是「就嚐盡洗腎的痛苦，不是洗過腎的人，是不會明白的。」但文字的處理上，就覺得雜糅難懂。

修正：二十三歲那一年，黃昭榮一週必須洗腎三次，所接受的痛苦，不是我們所能理解。

②＊爸爸說：「願意讓我養了。」（1-5-2-08-b）

如果用○○說：「」的句型，內容就應為：「那你就養吧！」對話式的代詞要正確，作者卻把對話式的型式，當成敘述式的代詞在用了。

修正：爸爸同意讓我養了。

③＊所以我的志願就是長大以後，行走天涯，到處救濟貧窮人的浪子，偷富裕的人的錢，去救濟有困難的人或貧困的人民，這就是我的志願。（1-6-2-13-a）

修正：「救濟貧窮人的浪子」、「救濟有困難或貧困的人民」，這就是作者的志願，只要講出重點「所以我的志願就是：劫富濟貧的俠客」。

④＊如何才能有健康呢？依照專家的說法，例如醫學認為每天都要運動，飲食要一樣。（1-6-1-08-e）

「醫學報導和專家說法」挑一類就好，因為想表達這個論點是很權威的，所以就出現了兩式相糅；「有」健康，受口語影響，使用「擁有」較恰當。

　　修正：怎樣才能擁有健康呢？依照專家的說法：每天維持
　　　　　適度的運動，並且控制均衡的飲食。

⑤*如果身體健康，就算你在窮，只要努力賺錢，適當存錢，
就算想要出國、出去玩也沒有問題。（1-6-1-17-b）

　　「努力賺錢」與「適當存錢」應該是作者想表達：「就
算很窮的人，只要身體健康，努力工作，存夠了錢，就可
以出國去玩。」卻把「身體健康和你再窮」混糅搞不清楚
了；語意重覆，「想要出國」與「出去玩」重覆；「在」
是「再」的同音誤用。

　　修正：如果身體健康，即使你很窮，只要努力賺錢、存錢，
　　　　　想要出國旅行也不是問題。

（二）藕斷絲連

　　要表達兩個意思，本應該說完一層後再說另一層，但表達者
還沒有把第一層的意思說完，就趕緊說出了另一層意思，把一句
話的結尾部分當作另一句話的開頭部分。前後句子結構糾纏焊
接，看似藕斷，其實絲連，兩個句子扭曲變形，成了一個句子。
（孟健安，2000）

①*如果不注意衛生，會得腸胃炎，還有也要注意環境的衛
生，才不會滋生傳染病毒。（1-6-1-08-d）

　　使用「還有也要」聯結了兩句句子，讓「不注意衛生」
和「注意環境的衛生」雜糅在一塊；「腸胃炎和衛生」；
「傳染病和環境衛生」不是絕對關係。

　　修正：要注意環境的衛生，才不會滋生傳染病；如果不重
　　　　　視衛生，腸胃炎很容易就找上你。

②* 不要吃<u>太多垃圾</u>、油炸食物，吃太多會讓人變得<u>油膩</u>。
（1-6-1-07-c）

　　作者想表達的是沒營養的食物叫「垃圾食物」，卻因為標點符號的誤用，變成吃太多垃圾，本句子應該切成「沒營養、有害的食物不要吃」和「油炸食物讓人覺得油膩」，卻因為作者在句子的處理上不夠流暢，導致雜糅。「變得」改為「覺得」。

修正：缺少營養的垃圾食物及油炸食物，吃多了會讓人覺得油膩。

③* 我的志願就是：「設計師」有一個故事，我的家人，有 2 個人在當設計師所以從我懂事以後就在想志願是想當什麼。（1-6-2-06-c）

　　作者想表達他為什麼會有想當設計師的原因，卻因為「設計師」忘了斷句，變成「設計師有一個故事」，因為作者想用說故事的方式寫作文，告訴別人，他們家有兩個人在當「設計師」，所以他也立志要當「設計師」，整句不只藕斷絲連，是柔腸寸斷，理不出頭緒。

修正：我的志願是當設計師，因為我的家人告訴我一個有關設計師的故事。

④* 我要設計出<u>就算是</u>家裡沒網路，只要有電腦和對遊戲有<u>興奮</u>的人都可以玩。（1-6-2-22-c）

　　句子的重點有二，一是只要有電腦有興趣就可以玩的遊戲，二是無需申請網路就可以玩的遊戲。作者家可能有電腦，卻沒申請網路，所以看到別人玩的線上遊戲，很羨

慕，才有這個句子出現。「對遊戲有興奮」，是「興趣」的誤用。

修正：我要設計出一種不需要申請網路，只要有電腦、喜歡玩就可以玩的遊戲軟體。

⑤*後來小狗被車撞到了救不活到現在都沒有忘記跟小狗的每一天但是想到那被車撞到事好想要哭。（1-5-2-20-e）

　　作者看到自己的小狗被車撞死了，他想到被撞死的狗的畫面，就很難過。整句三十九個字，沒有斷句，所以難理解作者的表達重點。

修正：一想到小狗被車撞死的樣子，我就好想哭；到現在，我仍然沒忘記跟小狗相處的每一天。

⑥*當數學老師的好處是可以交別人數學，還可以跟別的老師套交情。（1-6-2-25-b）

　　前句是要講當數學老師的工作，後句是要談工作上的人，「教數學」與「跟別的老師套交情」是兩回事，作者卻用「還可以」聯結前句，所以判定此句雜糅。「交」是「教」的誤用。

修正：可以教學生數學，還可以認識別的老師，增加朋友。

⑦*原來健康這麼重要那以後我要早睡早起不挑食。（1-6-1-24-g）

　　未符合「從……以後」的用法；本句未標點；本句尚有搭配不當的偏誤，「早睡早起」和「不挑食」不是同義搭配的詞，主要是兩個事件都和「健康相關」，作者卻把兩句雜糅成一句。

修正：原來健康這麼重要，從今以後，我要早睡早起，為
　　　了健康，更不能挑食。

⑧＊我都早上五點就去<u>幫忙爺爺採收花生</u>，我可以在田裡跑來
　　跑去好像在運動一樣。（1-5-1-01-b）

　　　作者想表達兩件事，一是幫爺爺採收花生，二是他很
喜歡在田裡跑來跑去的感覺。兩句子中，沒有好的轉折連
接，致生雜糅。

修正：我都是早上五點就去幫忙爺爺，每當我在田裡跑來
　　　跑去的時候，就好像在運動一樣。

六、綜合討論

　　劉勰《文心雕龍・章句篇》：「夫人之立言，因字而生句，積
句而為章，積章而成篇。篇之彪炳，章無疵也；章之明靡，句無
玷也；句之清英，字不妄也。」（范文瀾，1981）句子的結構，是
由正確的字詞組合，方能生成好句。在這一節中探討句子結構，
從成分殘缺不全、搭配不當、成分多餘、語序紊亂到句式雜糅，
每個句子中的任何一個字，都影響著病句錯誤類型的分類。寫作
考驗著學生的語文程度，病句分析考驗著研究者的語感及專業。
研究者抱著戒慎恐懼的心情，做了極限分析，發現要讓句子通順
合邏輯不難，只有涉及語法上專業的用詞是最大的挑戰。學生我
手寫我口的流水敘述法，及嚴重口語式的寫作風格，著實在分析
時造成很大的困擾。

　　大致上，可以看出，高年級的學生，在句子的使用上，仍不
純熟、漏字、錯字、亂扯、想到什麼就補一個句子；加上懶惰的

習慣，不會把自己寫的句子經過組織之後再寫出來，寫完也不會自己修正就草率的交差了事。這樣的情形，在四個班級的作文中都發生了。速食的時代，凡事求快的結果，以前打草稿後，修正通過再謄寫的情形，已經不存在；這打草稿的動作，慢工出細活的寫作方式，實在有必要好好的推行。

第四節　語意表達

句子除了結構形式之外，還必須負載意義。意義必須透過語言清楚明確地表達出來，如果思維混亂就會造成表意不明、不合邏輯或層次不清，生成各式各樣的病句。本節中，就「歧義」、「句意費解」、「概念運用不當」、「判斷不恰當」、「不合邏輯」、「語意重覆」等六項做分析。（陳光明，2007）

一、歧義

所謂歧義，是指句子意思含混，既可以這樣理解，又可以那樣闡釋。歧義很多時侯，是因為誤用詞語或用詞不夠精確所致。語言運用中出現歧義的病句，多數與成分殘缺、多餘有關。請看看以下的例子：

①* 連他開的工廠也<u>不法</u>在做生意了。（1-6-1-21-c）

　　　歧義：連他開的工廠也在做違法的生意或無法做生意，兩種意思，無法判斷。

②* 我跑出屋<u>內</u>，把我心裡的話訴說給小狗聽。（1-5-2-10-d）

　　　　「跑出」、「屋內」造成矛盾，是跑進屋內，還是跑
出屋外？

　　修正：我跑出屋外，把我心裡的話，說給小狗聽。

③* 明天一早我出去的<u>時後</u>。（1-5-2-11-c）

　　　　明天，尚未發生的時間，用「時候」，造成矛盾，是
明天一早要出去，或是今天早上出去的時候。

　　修正：一早，我正要出去的時候。

④* 我就叫<u>牠</u>以後不準在跑出去玩不然我要打死<u>妳</u>，然後我現
在要帶你出去散步。（1-5-2-11-d）

　　　　「叫牠」、「打死妳」與「帶你」，到底是誰？不
清楚。

　　修正：我告訴牠：「我現在要帶你出去散步，以後不准再
　　　　　　跑出去玩，要不然就把你打死。」

⑤* 聽媽媽說服裝設計師可以賺很多錢；因為我想買一棟大房
子住；且也有可能成為億萬富翁呢！（1-6-2-21-b）

　　　　是因為「想買一棟大房子」表示自己是「億萬富翁」，
還是「想當服裝設計師賺很多錢當富翁」意思不明；「賺
很多錢」與「億萬富翁」意思相近。

　　修正：媽媽告訴我，當服裝設計師可以賺很多錢，就可以
　　　　　　成為億萬富翁，買一棟大房子住了。。

⑥* 假如有一點可觀的<u>儲蓄收入</u>就可以回家孝順我們的父母
親了。（1-6-2-25-c）

　　　　《現代漢語辭典》（771）：「可觀」，形容詞，指
達到的程度比較高。（205）：「儲蓄」，動詞，把節約
下來或暫時不用的錢或物積存起來，多指把錢存到銀行

裡。（1251）：「收入」，名詞，收進來的錢。所以「儲蓄收入」，在專有名詞中稱為「利息」，是聯合關係，若是偏正關係就是指「儲蓄」和「收入」，本句中，應是指偏正關係。

修正：如果能有可觀的收入，還能有儲蓄，就有能力可以孝順父母了。

二、句意費解

句意費解不同於句子歧義，它是說句子語意不明確、不清晰、難以理解。（孟健安，2000）話說得不明不白，要人家猜測，叫做費解。這是寫作的時候應該避免的。可區分為兩類，一類是作者限於能力或由於疏忽，選擇的詞語不恰當，採用的結構不正確，結果語意晦澀不明；一類是故作高深，作者為了要炫弄他的才能，故意用上一些高深的詞語，弄得讀者不知道他說的是什麼。（呂叔湘、朱德熙，2002）本研究討論的是前者。

①＊但奶奶說的話是不會收回的，唉！真是<u>世事難料</u>。（1-5-2-17-i）

　　奶奶說的話和世事難料之間，不能猜測出原意。

②＊而且死樣也是<u>難看的一面。</u>（1-6-1-23-f）

　　句意費解；副詞誤用，「也是」用法有誤；成分殘缺不全，「死樣」是「慘死的樣子」。

修正：而且慘死的樣了真是難看。

③＊<u>明天</u>，爸爸載我們全家去動物園玩，裡面有各事各樣的動物今年的暑假真好玩。（1-5-1-02-d）

「明天」尚未到，作者就已經去玩完了，因為他知道「裡面有各式各樣的動物」；《現代漢語辭典》（463）：「各式各樣」，許多不同的式樣或方式。不宜用來形容動物，宜用「各種」為正確。

修正：隔天，爸爸載我們全家去動物園玩，裡面有各種動物，今年的暑假真好玩。

④* 第五、其他：諸如自殺、油盡燈枯而終者。（1-6-1-23-g）

「自殺」和「油盡燈枯」，不知道是要表達，因為毫無辦法可想而自殺或其他意思。

⑤* 根據媽媽提供，人類死亡原因，是十大疾病。（1-6-1-24-a）

「人類的死亡」是十大疾病，又是媽媽提供，應該是「媽媽說：人類十大死亡疾病的原因。」

⑥* 誠品書局裡面有好多的書籍等著大家看，爸爸就帶我們回去。（1-5-1-06-f）

作者應該還很想留下來看書，可能有什麼原因，爸爸帶作者回去，在文字上卻沒交代清楚，造成句意費解。

修正：誠品書局裡面有好多的書，大家都可以去看。爸爸就帶我們回去。

⑦* 媽媽就去叫我幫他拿安全帽、結果安全帽已經在那邊了，媽媽又叫我去幫他拿袋子結果忘了帶東西了。（1-5-1-07-a）

作者想表達的是「媽媽一下子叫他拿這個，一下子叫他拿那個，最後才發現根本白忙一場」，但是作者用句子的能力不足，只能以口語方式，將所發生的事件流程，一件一件，如數家珍的按時間發生的順序寫出來，以至於讀者看得「一頭霧水」。

修正：媽媽叫我幫他拿安全帽，可是安全帽已經拿在媽媽
　　　的手上；媽媽又叫我去幫他拿袋子，拿了袋子卻忘
　　　了該帶的東西了。

⑧＊我和我媽媽去在逛夜市時。（1-5-2-12-a）

　　　「媽媽」和「我」搭在一起，就不必強調是「我媽媽」
了；「去逛」或「在逛」一個就可以，作者可能想寫「去」
又想寫「在」，結果就兩個字都出現，造成病句。

　　修正：我和我媽媽在逛夜市的時侯。

⑨＊我的寵物是一隻烏龜，牠有一顆棒球那麼大，還背著一個
重重的殼。（1-5-2-24-a）

　　　「牠有一顆棒球那麼大」，是什麼像棒球那麼大，句
子中並不清楚；「殼」本就是烏龜身體的一部分，整句句
子連貫唸起來，就好像烏龜殼是外加的一樣。

　　修正：我的寵物是一隻烏龜，牠身上有一個重重的殼，牠
　　　　　的身體像棒球一樣大。

⑩＊拿骨頭給他訓練牙齒磨尖他還會搖尾巴很可愛。
（1-5-2-06-e）

　　修正：為了磨尖牠的牙齒，我拿骨頭訓練他；牠會搖尾巴，
　　　　　看起來很可愛。

⑪＊人的死因，都是<u>十大死因病病之之一</u>，例如……（1-6-1-
08-b）

　　　作者想表達的應該是「十大死亡疾病，是人類死亡的
一大因素」句子結構混亂了。

三、概念運用不當

不理解詞語的意思，對象和使用範圍，誤以為某詞可指某一概念，就會引致概念混淆的問題。

①＊營養均衡很重要，每天要吃蘋果、香蕉和水果……（1-6-1-13-g）

其中的「蘋果、香蕉」和「水果」是種屬關係，「蘋果、香蕉」是種概念，全部（蘋果、香蕉）外延包含於水果這個屬概念。因此這個是「種屬概念錯誤並列」，因此是病句。

修正：營養均衡很重要，每天要多吃水果。

四、判斷不恰當

①＊這隻可愛的小狗，沒有一個人不會不喜歡。（1-5-01-i）

本句連續使用了三個否定詞，把本來是肯定的意思變成否定了。

修正：這隻可愛的小狗，每一個小朋友都喜歡。

②＊第三要<u>動思惟頭腦</u>才不會變<u>的不夠不靈活</u>呢！（1-6-1-23-j）

「動思惟頭腦」應是「動腦思考」的誤用。錯誤原因同上句一樣。

修正：第三要動腦思考，才不會變得不靈活。

五、不合邏輯

一般人所說的「這句話不通」，多半不是語法上有毛病，而是邏輯上有問題。分成「自相矛盾」、「範圍大小」、「時間先

後」、「主客倒置」、「否定與肯定」、「一面與兩面」等。（呂叔湘、朱德熙，2002）

①*是否能得到健康，全部都要看<u>各人</u>的<u>衛生習慣好不好</u>？（1-6-1-08-f）

　　　「衛生習慣」與「健康」非必然關係。同音字錯誤，「各人」改為「個人」。

　　修正：是否能得到健康，與個人的衛生習慣是否良好有關。

②*我也想當籃球選手因為可以長高。（1-6-2-03-a）

　　　當「籃球選手」，不是可以長高的因素。

　　修正：我也想要像籃球選手一樣，可以高高帥帥的。

③*不管各種行業只要認真努力，每個人都有成功的一天，其中我的志願就是「醫生」。（1-6-2-09-a）

　　　各種行業中雖然有「醫生」這一行，但與作者的「志願」，並不在此相提並論。教育部《國語辭典》：「其中」，當中，在這中間。「在這中間」我的志願是醫生，用法有誤。

　　修正：我的志願就是「醫生」，無論何種行業，只要認真努力，每個人都有成功的一天。

六、語意重覆

　　重覆，是一般兒童寫作中常見的錯誤類型。同一個句字意思重覆，令人生厭。

①*我的志願是當一位醫生，很多人看病，讓看病的人，病都好起來！（1-6-2-19-a）

很多人「看病」、「看病」的人與病都好起來的「病」，重覆。

修正：本句修正為：我的志願是當一位醫生，替很多人看病，讓他們的的身體趕快好。

②* 而我的志願就是──軍人，因為我要精忠報國，為國家效力。（1-6-2-23-a）

精忠報「國」與為「國家」效力，同樣都是替國家盡力，所以一句就足以表達。

修正：我的志願就是當一名軍人，可以為國家效力。

③* 西諺也說：「健康就是財富」。（1-6-1-13-a）

諺即是說。

④* 洗澡完記得吹頭髮，以免去著涼。（1-6-1-16-b）

「著」涼的著已是動詞，不須「去」。

修正：洗澡完記得吹頭髮，以免著涼。

⑤* 如果身體健康，就算你在窮，只要努力賺錢，適當存錢，就算想要出國、出去玩也沒有問題。（1-6-1-17-b）

《現代漢語辭典》（197）：「出國」，動詞，離開本國到外國去。（199）：「出去」，趨向動詞，用在動詞後，表示動作由裡向離開說話的人。「想要出國」與「出去玩」雖是可以解釋成「國內、國外」，但因為兩個句子擺在一起，讓人有誤解成「出國去玩」，所以「出國、出去玩」，若改為「出國旅行」較為適當。

修正：即使很窮，如果你身體健康，只要努力賺錢、存錢，想要出國旅行也不是問題。

⑥＊只要能做到以上幾點，那麼你就不容易生病或者不健康了。（1-6-1-17-d）

「生病」就是「不健康」。

修正：只要能做到以上幾點，那麼你就不容易生病了。

⑦＊像電視上的節目像公視的一個節目就是描術一個男生。（1-6-1-21-b）

「像電視上的節目」、「像公視的一個節目」只取一句即可，否則造成冗句。

修正：像公共電視節目裡的一個男生。

⑧＊健康的重要性如此重要。（1-6-1-23-h）

謂語重覆，宜改為「健康確實有其重要性」。

修正：原來健康這麼重要。

⑨＊人生，一旦沒有了生命，和沒有了健康。（1-6-1-24-e）

「人生」與一旦沒有了「生命」，既沒生命怎麼會有人生，人生是因為有生命的延續才有的。

修正：人生，一旦沒有了健康，生命就失去意義了。

⑩＊也有些老人一直不斷咳嗽。（1-6-1-25-b）

「一直」與「不斷」同義詞。

修正：有些老人不斷的咳嗽。

⑪＊人人都有夢想，每個人的夢想都不一樣有的當位醫師、警察等……。（1-6-2-01-a）

「人人」與「每個人」意思一樣。

修正：每個人都有夢想，只是夢想都不一樣，有人希望當醫師、警察等……

⑫* <u>我有時</u>無聊<u>的時候</u>會練習畫畫。（1-6-2-01-c）

　　　教育部《國語辭典》：「有時」，偶爾。「的時候」稱某一段的期間。因此兩句子，宜刪除前者。

　　修正：無聊的時侯，我會練習畫畫。

⑬* 俗話說：「人人都有志願與夢想」。（1-6-2-06-a）

　　　《現代漢語辭典》（1756）：「志願」，志向和願望。（937）：「夢想」，渴望。兩句是近義詞，用一句代替即可。「俗說說」用在這句句子不通。

　　修正：人人都有夢想。

⑭* 我要研發出能治好癌症的藥，我要讓決症消失在這世界上，不管在難的病我會努力研發藥出來。（1-6-2-19-b）

　　　「研發制癌症的藥」與「努力研發藥物」；「我要」重覆。「在」應為「再」。

　　修正：我要克服任何困難，研發治療癌症的藥，讓絕症消失在這個世界上。

⑮* 所以我的志願就是能救很多很多的動物，就是動物的醫生。（1-6-2-11-a）

　　　「很多」無需重覆兩次。只顯現句子的冗贅。

　　修正：所以我希望能當一個「動物醫生」，這樣就可以救很多動物了。

⑯* 我們暑假去了很多地方還有去好玩的地方。（1-5-1-05-b）

　　　「很多地方」與「好玩的地方」，兩句併一句，可以使句子更清楚通順。

　　修正：我們暑假去了很多好玩的地方。

⑰*到了花蓮的<u>時後</u><u>已經</u>很晚了大約十二點多了我就先睡覺<u>然後隔天的時候</u>又要去<u>玩很多東西</u><u>接著</u>我們就回家了。（1-5-1-05-b）

　　　到了「的時候」、隔天「的時候」，兩句都宜刪除，「然後隔天的時候」，《現代漢語辭典》（1138）：「<u>然後</u>」，表示一件事情之後接著又發生一件事情。《現代漢語辭典》（461）：「隔天」，動詞。

修正：到了花蓮，已經晚上十二點多，我們先休息睡覺，
　　　　　隔天還要去很多地方玩。

⑱*在<u>路上的途中</u>，我們經過了好長好長的雪山隧道。（1-5-1-06-d）

　　　「路上」、「途中」近義詞。

修正：路途中，我們經過好長好長的雪山隧道。

⑲*希望下次有機會的話，下次的表現能比這一次更好。（1-5-1-06-g）

　　　「下次」有機會、「下次」的表現，後句的下次得省略。

修正：如果還有機會的話，希望下次的表現能比這一次更好。

⑳*如果少了健康的身體，人就會<u>生病</u>。（1-6-1-07-a）

　　　「少了健康的身體」即「生病」。

修正：如果少了健康的身體，就會讓人覺得懶洋洋。

㉑*到了<u>融天早上</u>，大家就很早起床準備東西，大家都很期待去劍湖山玩，就這樣準備好。（1-5-1-08-b）

　　　「很早起床準備東西」與「就這樣準備好」，作者未考慮句子的流暢，導致句子重覆。

修正：大家都很期待去劍湖山玩，所以第二天早上，每個
人都很早起床準備。

㉒* 在暑假期我快樂的度過了二個月的假期。（1-5-1-10-a）

「暑假」與「假期」在語意上是相近的。

修正：我度過快樂的暑假。

㉓* 看著他們因失去親人哭得很傷心，我也有感而發，人人都有
雄心壯志，每個人都會朝著自己的方向去努力。（1-6-2-15-a）

修正：看著他們因為失去親人而傷心的哭泣，我感覺，人
人都應朝著自己的目標去努力。

㉔* 我們在華山玩得時候，我們去<u>爬</u>樓梯<u>爬</u>了很高，我們都流
汗流的汗流浹背。（1-5-1-11-g）

「爬」字受口語影響，所以重覆。

修正：在華山玩的時候，我們爬了很高的樓梯，每個人都
汗流浹背。

㉕* 我小時候每天放學了我都和他一起玩、一起玩耍。
（1-5-2-07-b）

「一起玩」和「一起玩耍」，意思同，只是作者想表
達出除了玩之外的事，卻未能盡意。

修正：記得小時候，我每天放學都和他一起玩。

㉖* <u>後來</u>小黑有時<u>小黑</u>會咬人<u>後來</u>奶奶把小黑關在籠子裡
面。（1-5-2-07-f）

教育部《國語辭典》：「後來」，以後。「後來」、
「小黑」重覆，所以前句「後來小黑有時」可以整句刪除；
後句的後來，作者想表達的是因為……所以。就……。

修正：因為小黑會咬人，所以奶奶把小黑關在籠子裡面。

㉗＊我從小狗二歲時<u>開時養</u>我就<u>開始養</u>，我幫取名為<u>小花</u>。
（1-5-2-08-d）

　　「開始養」重覆，「開時」為「開始」的近音字誤用。

　　修正：從小狗二歲時，我養了牠，我幫牠取名為「小花」。

㉘＊<u>我和小狗的感情</u>一輩子都不會忘記<u>我和狗的感情</u>。
（1-5-2-11-f）

　　「狗的感情」重覆，只顯得贅述。

　　修正：我一輩子都不會忘記我和小狗的感情。

㉙＊我看到了一隻死狗，我看他的表情看起來，好象，死的很
痛苦。（1-6-2-10-b）

　　「死狗」與「死」得很痛苦，義同，教育部《國語辭
典》：「痛苦」，肉體或精神上所感受的苦楚；是活著才
會有的感覺。所以不應該死得很痛苦。「好象」錯字，是
「好像」。

　　修正：我看到了一隻死狗，從狗的表情看起來，牠好像很
痛苦。

㉚＊今天早上起來我就<u>先</u>吃早餐<u>後</u>。（1-5-1-01-i）

　　《實用現代漢語語法》（231）：「就」，時間副詞，
有立刻的意思。和「先」的意思重覆。又和吃早餐後的「後」
矛盾，所以把「就」刪除。「起來」改為「起床」，「後」
移至「床」後。

　　修正：今天早上起床後，我先吃早餐。

㉛＊走進哥哥他家的時候。（1-5-1-02-g）

　　「走進」、「的時候」義同。

　　修正：走進哥哥家。

七、綜合討論

高年級的學生在語意表達的能力上， 似乎比句子結構強很多，除了語義重覆的問題較不理想外，其他如概念運用不當、判斷不恰當或不合邏輯的部分，病症都很輕，少數學生出現的病症，可以個別教學；語義重覆為什麼會病症嚴重？原因是學生在使用句子時，常常像口語說話會口吃一樣，喜歡重覆或覆誦一遍，導致語意重覆的錯誤特別多。

第六章　學生作文病句的補救途徑

　　修改病句的訓練方法很多，加強詞句教學、指導學生辨別和修改自己的病句，最重要的是，一定要嚴格訓練，持之以恆。

第一節　藉助病句的診斷理論對症下藥

　　要增進學生作文的能力，就要根據缺失對症下藥，研究者認為當前作文教學最大的缺失，在於寫作基礎訓練不足。學生沒有收集材料的能力，沒有獨立思考的能力，更沒有遣詞用字、駕馭文句的能力；在這種前提下，學生又怎能從容地面對時下的命題作文。作文課前，老師只是規定題目，沒有思路的引導，作文課後，也沒有學生作品的批評賞析；有的老師自己對文體、作文的要件，沒有一個基本的概念，如何指導學生？只是應付作文抽查的篇幅，一味地要學生寫，對學生的語文程度能提升嗎？學生的作文，教師一定要從字詞理解、辨認中，循序漸進的紮根，而邁向發表能力的培養，組織能力的訓練，增進學生獨立思考及創作的能力。以下方法值得探討：

一、從寫作的基礎訓練著手：

　　修辭造句可以讓文句優美、重組練習可以組織能力、語文遊戲可以充實詞彙、病文修改可以補救缺失、成語應用練習可以學以致用。

119

二、加強字詞辨識、豐富自己的詞彙，書寫與應用的練習。

（一）多看書，從別人的佳作中學習如何遣詞造句，並學以致用。文章看多了，詞彙自然就豐富了。

（二）注意相似詞，課堂上所教的，文章裡所看到的相似詞，都要牢記在心，並且觸類旁通，想到詞句彼此之間的關聯，如此腦中的詞彙多了，就不愁詞窮。

（三）獨創，有時文字透過巧妙的安排，有了獨創的新意，只要語法不抵觸，在字裡行間反而增色加分。（張清榮，1997）

三、加強基本句型的練習。

四、加強文意完整明確的練習。

五、閱讀並修改自己的文章。

六、勤查字典：訓練學生多動手查字典，就可以學到許多生字和語詞，也可以學到許多的造句，是最實用的啞巴老師。

此外，作文必須具備一些文學的基礎，在舊有的基礎上才能推陳出新、文思泉湧。而此一基礎，可以利用以下的基礎作文策略予以充實：（一）聯想；（二）詞語接龍；（三）擴張句子；（四）接句練習；（五）換句話說；（六）連詞成句；（七）連句成文等，都是訓練字句的好方法。

把詞和詞組合起來，能夠獨立而完整地表達某一事物的意義的，稱為句。我們的思想內容，也是以句為單位的。劉勰《文心雕龍·章句篇》說：「人之立言，因字而生句，積句而成章，積章而成篇。」（范文瀾，1981）可見字句是篇章的根本，我們在指導學生學習國語文的時候，對於「造句」這一環，不能不特別講求。

　　國語文是一切學科的基礎，而造句教學又是引導學生寫出通順篇章的奠基工作，只要是國教界的夥伴，對於當今國中小學生國語文程度的日趨低落，應當負有使命感，務必竭心盡力，以謀增進學生造句遣詞的能力。

　　夏丏尊強調變「閱」為「讀」，以培養語感。他說無論是語是句，凡文字都不過是一種寄託著若干意義的符號。這符號引起的感受，總因讀者的經驗與能力的差別而有所不同。要培養良好的語感，就要引導學生多讀多體會。後來葉聖陶專門著文〈訓練語感〉，闡明夏氏語感培養的觀點，並指出吟誦、美讀、比較、體會、揣摩、鑑賞等訓練語感的方法：

一、鼓勵、指導學生多讀書。

二、引導學生多接觸社會，做生活有心人。

三、加大作文量，進行多種形式的寫作訓練，讓學生經常做些小
　　作文、小練習。（陳偉超、溫卓敏，1996）

第二節　強化教師相關的知識技能

　　語言知識包括把詞素和詞組成片語或句子的能力。句法學中語法的一部分，即說話者懂得這些結構及其如何形成的知識。

　　語言學家想要描述一種語言時，他必須描述存在於其使用者心智之中的「語法」；每個說話者的知識都有一些差異，但是一定有共同的知識。就是因為有這種共通的語法知識，使人得以透過語言溝通。語言學家若要成功地描述語法以及語言本身，就必須能反映說話者的語言能力，這樣的語法模型稱為敘述性語法。

規範性語法（Prescriptive Grammars），則是一些「語言純正主義者」認為語言有所謂正確的形式，並規範出語法的規則要大家來遵守。（黃宣範譯，1999）

一、與句型練習有關的作文教學法介紹

國小教師之所以具備老師的資格，是因為接受師資養成的訓練，因此多數教師都得具備一定程度的作文教學的知識。作文教學非單一方法的科目，隨著社會潮流的變遷，作文形態、教學方法也在改變。以下概述和作文詞、句相關的作文指導方法：

（一）一條龍訓練法：

1、啟蒙階段：培養學生說完整句話、注意詞語訓練、採取多種訓練形式，提高學生說話能力。

2、過渡階段：填空訓練、供詞練段、仿寫練段、圍繞中心句練段。

3、綜合訓練階段：培養圍繞中心選材、編寫提綱的能力。進行聽說讀寫的全面訓練、培養學生修改作文的能力。（吳發珩，1993）

（二）積累材料訓練法：

1、建立材料手冊，將自己所見、所遇、所聞、和所感的人、事、物，隨時記入手冊。記寫時要盡量具體、清晰。

2、寫摘要，所摘內容要準確、具體。

3、做讀寫筆記。

4、做優秀典範詞句和段落的分類摘抄。

5、建立文摘卡片：包括文題、期刊名、作者姓名、頁碼等。
（吳發珩，1993）

（三）組寫作文訓練法：

教師提供學生若干關聯但比較散亂的原始材料，要求學生在閱讀這些材料後，按照材料的內在關係，有機地、嚴密地將它們組織起來，連綴成文。此法宜掌握以下要點：

1、引導學生認真閱讀原始材料，掌握其實質，抓住主題。

2、幫助學生選好組寫角度，合理地對原材料進行加工篩選，準確地選擇材料為表達主題服務。（吳發珩，1993）

（四）其他

1、仿寫；2、改寫；3、續寫；4、縮寫；5、擴寫；6、聽寫；7、看圖作文等，都是國小習作內常用的作文訓練方法。

總之，知識的學習，永無止境，「終身學習，學習終身」，讓自己永遠保持一顆進取的心，隨時準備好，迎戰新時代所衍生的新知識、新方法，才能把教教學工作做好，不愧對每一個學生。

二、語法修練，增長功力

語法分理論語法和教學語法。理論語法又稱科學語法、專家語法，指語法學家的語法學說或學說體系，表現為專論或專著。它把語言作為一種規則體系來研究，目的是了解語法的通則。教學語法，也稱學校語法、課堂語法、規範語法，指根據語法教學

要求所制訂的語法體系。它把語言作為一種供運用的工具來學習，目的是學會技能。茲比較如下：

	理論語法	教學語法
目標	明語法的理	致語法的用
分類	要有概括性和排它性	不十分嚴格，以說明用途為主
舉例	以最少而又足夠的例子說明類別	例子本身就是學習材料
對象	語言的研究者，具有一致的興趣	語言的學習者，學習條件不盡相同

學生語法是學習者自然習得的和從老師那裏學來的語法規則，其中自然習得的部分可能來自於客觀語法，也可能來源於理論語法，而從老師那裏學來的語法規則差不多都來自於教學語法。（崔希亮，2001）

句法規則的知識多半在無意中習得，使說話者可以判斷句子的合法性。這些規則並非學校所教過的規範式（prescriptive）規則。句法知識不僅僅是判斷句子的合法性。它還解釋句子的歧義現象。（黃宣範譯，1999）

學習和習得過程（即學生語法的獲得）反過來可以爲教學語法的完善和修訂提供依據。教學語法研究的結果面對的是人，即建立一套用詞造句的語法規則體系用來進行語言教學。特點是規範和實用，定義和說明要求具有簡明性和可接受性。教學語法是貫穿在語言教學過程中的語法，而語法教學是獨立的教學過程。（崔希亮，2001）本研究想探討的是教學語法：

（一）一般研究句子的人，大部分研究句子的結構，他們把句子分為
　　　單句、複句和句組等三種。寫文章的人，如果熟悉句子結構，
　　　造句時就會多注意句子是否合語法？是否通順？

（二）句子的寫作形式：

　　1、直進式句式：造句時，上下句的意思直線前進，沒有停頓、
　　　　並列、轉折、等現象。

　　2、並列式句式：途述一個意思的時候，採用好幾個性質相近，
　　　　結構也幾乎相似的語句表達。這種句子有加強語意的作用。

　　3、對立式句式：把兩種不同的，特別是相反的觀念或事實，
　　　　對列起來，兩相比較。這種句式，可以使語氣增強、意義
　　　　明顯。

　　4、曲折式句式：

　　（1）形式曲折，造句時，上下句的意思曲折進行。

　　（2）語意曲折，表達意思的時候，不直接說出本意，而利用
　　　　雙關、倒反或婉曲方式表示。

　　5、總分式句式：先總後分、先分後總或總分總。（陳正治，
　　　　　　　1996）

　　　　　無論是什麼式，當老師的，自己要具備足夠的教作文的常
　　　識、知識，面對知識演進一日千里的時代，唯有不斷的進修，方
　　　有教學的本領，讓學生受益，在二十年後當起持家治國的棟樑。

（三）用字的方法：

　　1、字形要正確：例如：＊想要擁有健康的身體，要尊守下列的
　　　　規定。（1-6-1-14-b）

125

「尊和遵」，意思不相同，用錯了，想表達的話，自然就不能如意。

2、用詞要妥切：每個詞都有自己特定的意義和範圍，如果不注意，常常無法準確的表達思想內容。

例如：*更離普的是亂吃偏食或成藥，反而傷害到身體健康一定要詢問醫生。（1-6-1-25-d）

根據《現代漢語辭典》（1042）：「偏食」，動詞，只喜歡吃某幾種食物。教育部《國語辭典》：「偏方」，流行於民間，不見於正式醫藥書籍記載的藥方，多用於疑難雜症。亦稱為「祕方」。所以依本句的意思推測，應為「偏方」之誤用；本句另有缺少連詞「因此」「用藥」的偏誤。「離普」錯字「離譜」才對。

3、詞性要生動：黃永武介紹了鍊字的四個方法，運字法、代字法、增字法、減字法。（黃永武，2002）以減字法為例，說明如下：

*也有些老人一直不斷咳嗽。（1-6-1-25-b）

「一直」與「不斷」同義詞。在這樣的句子中，同義詞刪除一個，才不會讓句子有累贅的感覺。

三、年段合作，團結力量大

（一）透過夥伴同儕相互觀摩、研討運作的歷程，培養教師團隊專業互動與對話的知能。

（二）多鼓勵教師進行教學活動設計，同年段互相分享教學經驗，合作研究，共同解決問題。

（三）教師給自己一個回饋的機制，寫教學省思日記，兼重自我
　　　反思與社會性反思的功能。

（四）藉由參加研習及觀摩提升教師的專業知能與課堂教學之
　　　能力。

（五）隨時開發教學內容，精進教育專業知能。

（六）增進親師合作，強化學生學習的效果，提升教育品質。

第三節　提供學生有效的觀摩改進的機會

　　對病句及其分類的研究，最終目的是為了很好的幫助學生消
除病句，我認為可以從下列幾方面著手：（一）加強對學生心理能
力的培養；（二）加強對學生語言感受能力的培養；（三）鼓勵學
生的語言創新，積極開拓學生的視野，鼓勵他們了解社會、了解
生活等等。「吟安一個字，撚斷數莖須」，好文章一半在起草，一
半在修改。修改是寫作不可缺少的重要步驟，是提高文章質量的
有效方法，文壇上流傳著不少方家修改文章的故事。而修改又重
在養成學生自改習作的習慣。葉聖陶當年曾大力提倡，積極主張
學生自己修改文章。大綱也要求學生養成「多寫多改」的習慣。「好
文章是改出來的」，這是公認的事實。文章不厭百回改，越改越精
美。從起始年級起，就應教給學生自改作文的方法，調動學生自
改作文的興趣，多方面培養學生自改的習慣。（陳美岑，2005）

　　李家同（2000）曾經教過高中英文，當然也牽涉到英文作文，
他發現他可以使學生在寫作的時候不犯文法上的錯，文句也都通
順，但是就只能到此為止，要寫出非常好的作文，文詞通順，起

承轉合都好，只是必要條件；好的作文必須有精采的內容，而這種精采的內容，就不是老師所能教得出來的了。小的時候，李家同的作文比一般同學好，老師常認為他聰明，其實覺得自己絕對沒有什麼特別的天才，而是因為他小時候常常看各種課外讀物的原因，一旦多看課外讀物，文句當然就會比較洗練。如果我們仔細地查很多作家的精采句子，其實仍然有別人講過的，這位作家並沒有抄襲先人的句子，而是因為他曾經看過這種句子，他就會很自然地寫出類似的句子。

如何寫好一篇文章，平常寫作練習時就得注意文筆的潤飾：

1、 敘述流暢緊湊，避免口語化：

網路聊天的頻繁創造了「火星文」，也連帶影響學生作文趨於口語化，如：「啦」、「囉」、「耶」、「然後」、「不過」之類的助詞、語氣詞及連接詞過度使用，斲喪了文意的流暢性；「作文」跟「說話」雖然都在表情達意，但作文要簡潔扼要，句型結構遠比聊天內容嚴謹。

2、 精確使用詞彙及成語，讓文意簡明清晰：

九年國教的語文課本中，已學過的詞語數量不算少，只是學生真正應用到作文上的不多；如果將新學會的詞語試著用到寫作上，文筆定會生色幾分。再者，適時運用成語，可使句子避免流於拖沓煩瑣，文意簡潔流暢，自然討喜。

3、 善用修辭，增添文采及氣勢：

不管什麼文體都可以藉助各種修辭法作更精采的陳述；記敘文中因為誇飾或譬喻的運用，可製造豐富的趣味效果；轉化修辭足以讓描述的對象生動逼真；抒情文使用排比修辭，可以讓情感表現得更淋漓盡致；使用象徵或比喻，讓情

意婉約，令人低迴；論說文引用佳句名言，讓自己的闡論更具說服力；使用排比修辭，營造磅礴之氣勢，可撼動人心；所以修辭是絕佳的彩妝，它會讓你的文章閃亮動人！最後提醒，唯有不斷從閱讀中欣賞、評論，才能淬煉出更上乘的作品！（陳美岑，2005）

學習的主體──學生。我們在研究如何教的時候應該考慮到學生，並由學生如何學語文來看教師該如何教語文。語文課應該怎麼教？教學生什麼？我們應該做的並不是對課文的肢解，而應該是設法引導學生養成良好的語文習慣。激發學生的學習興趣，讓他們愛讀書愛思考愛動筆。我在閱讀教學中，不是教教材，而是用教材。以課文為經線，以課外閱讀為緯線，使學生的閱讀視野日漸開闊，興趣日漸濃厚，收穫也多。

對於語文程度落後的學生，在班級中相對地位較弱，一旦覺得自己跟不上學習的進度，便會產生不安的心境，在學習上就會消極應對，所以在心境上就有懼怕、對抗、應付、依賴的想法。了解落後學生的障礙之後，針對他們的困擾，加以輔導，才能提高他們學習的意願，這也是語文教師在語文的教學上要特別注意的。（吳發珩，2001）

第七章 結論與建議

本研究主要是透過國小高年級學童的作文病句，了解國小學童在其作文中最常出現的病句類型是那幾種？藉此從作文教學歷程中，得到一個正確的回饋方向，以利作文教學的進行，並使學童習得真正受用的知識。

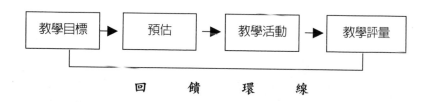

本章將對本研究作總結，首先將研究中高年級學童的作文詞語運用、句子結構與語意表達等病句類型的次數及排名情形作呈現及針對高年級學生的作文病句現象作研究說明。

第一節 結論

本研究所取得的樣本為雲林縣 T 國小高年級 2007 學年度上學期第一篇作文。研究者除了自己先把學生的文章看一遍外，尚邀

請舍妹協助，運用其語感再次確認是否為病句，一語一句的瑕疵都不放過，看學童想表達的旨意是什麼？這樣才能找出病句。待病句輸入電腦建檔之後，再邀請雲林縣國語科輔導員李娟娟參與作最後把關。且研究過程中，隨時加入研究所師長同學的意見。

本研究結果，如附表（詳見附錄一），說明如下：

語病總次數為 270 次，五、六年級的排序皆同，詞語的運用排名第一，句子結構排名第二，語意表達排名第三。五六年級的病句總次數 270 次，在詞語運用上， 96 次占 42.96％，相較於其他病句類型，比重偏重；在句子結構上，97 次占 35.93％；在語意表達上，57 次占 11.48％。

究其原因，依研究者的推敲，可能是因為用詞不當的項下，有八大子項的緣故，這個研究結果和林怡伶（2008）的低年級病句研究結果是相吻合的。在高年級的病句中，詞類的誤用不太容易出現。可能因為高年級學生所學詞語已達一定的量，致使詞語的誤用不容易產生。反觀林怡伶的低年級病句研究結果，詞語的誤用，在細項的排名第六，由此更加肯定因為學習語詞的多寡，而影響了學生作文是否產生病句。

研究結果，五六年級不同的是，六年級比五年級在語意表達上更能掌握一些。也就是說，六年級學生的作文能力，在表達上確實比五年級成熟。相較於林怡伶的低年級病句研究結果，語意表達占 53.98％，更印證了學童的生理年齡影響了寫作能力的高低。

以下分別就三大類中子項排前三名的成因作說明：

一、用詞不當

　　用詞不當在詞語的運用中，錯誤類型排名第一，總排名亦是。學生常對詞彙的認識、理解，不夠透徹，或因近義、近音詞，造成用詞不當，濫用詞語的現象，因此無法正確清晰地表達自己的意念。由於學童未能充分辨明詞義和它的適用範圍，所以時常在作文裡出現混淆誤用的情形。陳光明（2007）在其「國語教科書中病句的類型」觀中亦指出：搭配不當、用詞不當、成分多餘、不合邏輯、與表意不明，前五項排名，究其原因主要是因為詞語的義近而誤，所以在教學上要注意近義詞的辨析、強調搭配的連用限制才能減少病句的產生。杜淑貞在《國小作文教學探究》提及：「作文是個有機體，就像一棵大樹的結構。而每一個字、詞，就像一片片葉子，都必須健康而蒼翠的才好：如果字詞的使用不當，甚至意義不明確，那麼掛在枝頭上望去一看，片片枯黃的樹葉，代表著這是一棵發育不良或生病的樹，很顯然的，這絕非是一篇好作文。」（杜淑貞，2001）

二、語意重覆

　　兒童造句時，由於思慮欠周，意念交錯出現，所以經常發生用詞重複拖沓、不夠簡潔流暢的弊病。語意表達中，語意重覆的病句很多，文章是由文字所組成，假如沒有豐富的詞彙，就不能作出好文章；字詞太多重複，甚至是重覆整句句子，讀來令人乏味、繁瑣。本研究中，由於學生的生活經驗比較單純，推理的思考不夠細膩，加上訓練不足，所以造出來的句子往往在語意的表達上不夠周延，經常是冗辭贅述，其原因就是受口語不拘語法的

影響，這類句子在學生的作文裡出現的次數排名第二，也是教師指導時亟須著力加強的。

三、成分多餘或殘缺不全

　　成分多餘則是使用了非必要的「多餘詞語」。殘缺是指結構不完整，缺少必不可少的成分。學童的作文中，經常出現片斷的、零星的、語焉不詳的句子，讓人看了如同丈二金剛，摸不著頭腦；孩子邏輯思考不緊密，常出現我手寫我口的作文句子，想到什麼就寫什麼，是導致句子多餘或殘缺的主因。在病句總排名中分列第三和第五名，是句子結構中排名第一和第三的類別，教學者亦應重視。

四、語序紊亂

　　語序紊亂是指詞語順序安排不當，或者說詞語位置放得不對。語序合理就是詞的排列順序合乎語法，能清晰通順地表達句子的語意。語序紊亂排名第四，在所有的病句中，已屬病症嚴重，吳燈山（1997）認為只看漫畫無法加強自己的語文能力，如果說話或寫文章經常顛三倒四，趕快找些文字書，大量的閱讀文字書，才能醫好次序顛倒病。

　　本研究的樣本雖然不多，其結果可能不足以擴大解釋，但還是有一點小收穫。國小學童的病句，錯誤最多的是用詞不當，更加印證學童對於「詞」這個意義尚未清楚，更不消說是用法的限制。教學現場在「用詞」這部分的教學，還需要各位國教夥伴再努力。

第二節 建議

陳光明（2007）認為對病句的改正一般人最常運用的是審讀法，亦即根據自己的語感，仔細閱讀，判斷句子是否合語法。語感的訓練除了大量閱讀之外，就是透過溝通式的語法教學來培養。

中國大陸在初中的語文課程標準中就要求「重視培養良好的語感和整體把握的能力」。「語文」使用能力，是要有一套「語文」教程，一套對於語言的感觸、捕捉或掌握的技術反省體系。（張大春，2005）「語文」教育的方法不能僅用教文學的方法教「語文」。為了培養良好的語感，增進寫作的能力，請從「找出學童的病句」開始著手吧！

一、給教育師資培訓單位的建議

在這次的研究中，發現自己在語文領域上是多麼不足，「語法」這個名詞，是那麼專業，在國小師資養成教育中，這一個區塊是被忽略的。除了國語文教材教法，是否把語法課程也列入培訓安排？如果教育第一線的老師自己的語法素養都不夠，如何把語文領域教好？

因為教學是馬上面臨的事，已在教育線上的教師只能倚賴在職進修，如果教育當局安排進修的同時，能針對「需要的」而不是「流行的」去作研習安排及考量，我相信最後受惠的一定是我們的下一代，相對的國家未來的競爭力也會提升。《師友月刊》有一篇文章提及，良好的語文能力是多麼重要，我們不得不深思；而它的影響層面之廣，也不是我們泛泛之輩所能預料。所以它給

教育決策當局的建議是：請想辦法讓教師提升語文能力的素養，安排有意義的進修。

許多研究顯示，一個國家的競爭力需要看該國人民是否擁有較好的語文素養，因為它不僅是思考的工具，也是獲取資訊的重要媒介。走訪先進國家紐西蘭，小學階段其教改的核心課程無非是語文能力及數理方面的提升。原因是許多先進國家都發現到，在知識爆炸的時代更需要透過各國的優勢語言來建構學生的基本能力。

反觀我國由於整個社會英文成為一窩蜂的學習主流，在政府又強調鄉土語言提升的同時，國語文受到了前所未有的壓抑。

相對於近年來國外大幅重視中文的學習及研究的潮流，我國教育改革在「去中國化」的思維下，也跟著削弱原本具優勢的本國語文。因為優勢語文程度的下降，不僅造成將來學童在學習上的限制，更可能阻礙了一國競爭力的提升。（周祝瑛，2006）

二、給自己與教育夥伴的建議

《禮記‧學記》說：「學，然後知不足；教，然後知困。知不足，然後能自反也；知困，然後能自強也。故曰：教學相長也。」（孔穎達，1982）古人的大智慧，在兩千年前就已有記錄，我們的知識、智慧可以與時俱進，不能躊躇不前。什麼方法可以做到？唯有自學而後能教人。我們是教育第一線的重要角色，學生們的語文知識，和我們對語文的認知及教法有著密不可分的關係，不論是什麼單位高聲疾呼：語文程度低落，素質缺乏……我們都該負起一部分的責任。

　　雖然教學工作每天繁複的進行著，但不要忘了我們自己的工作多神聖，如果我們抱著過一天算一天的教學態度，用自己所受的過時知識教育學生，要學生用這一成不變的道理去挑戰二十年後的將來，這是行不通的。英國大學問家培根曾說：研究學問有三種方法：第一是螞蟻方法，只吸收，不製造；第二是蜘蛛，只結網製造，不吸收；第三是蜜蜂，採花製成蜂蜜；做學問要學蜜蜂。（江秀芬，2006）把教學工作當作做學問，學習蜜蜂採花釀蜜的精神，隨時吸收知識，傳授給學生。所以先充實自己的「語法」知識，在於語文課程中賣力傳授；只有這麼做了之後，要責怪學生不上進、不學無術，再責怪吧！

（一）利用語文課帶入語法：

　　語文課程中，除了課文概覽、領讀，段落大意講解，生字、新詞的介紹、教學之外，宜帶入簡單的語法知識。例如：詞性介紹，名詞、動詞、介詞……以及主謂語介紹（老師教我們讀書）老師是名詞，在這裡當主語，讀書是動詞當謂語，所以這句是動詞謂語句；詞的限制，例如：方位詞常在名詞或名詞性詞組後面（爸爸在書局裡買書），書局是名詞，裡是方位詞。簡單易判斷的「語法」，在國小高年級，都應該納入課程了，但翻遍各版本的國小教學指引，這種語文知識都未出現，只在國中的教師手冊中稍微提到。想把這部分專業的知識，在語文課程中作安排雖然遙遠，但老師們不妨自己加油。

（二）習作指導時將錯誤句子當教材：

　　國語習作的指導、作文課的檢討，均可以將學生錯誤的句型，當作教材，為了避免傷害學生的自尊，老師可以將用字稍

作改變。負面的教材，有時是最佳的學習機會，無妨適時的給予引導。作文教學除了提供正面教材外，有時教師可將反面教材編成學習單，讓學生自己作病句的修改，對學生的作文成長更有幫助。在文法組織方面，字句詞語錯置無序，不必要的詞語竄入和必須的詞語闕漏，都會嚴重造成文理不順。把其中的優點和缺點，確實的給他們指導或解釋明白，引導學生不偏不倚的走上遣詞造句的正常途徑，使之自覺。且增加其判斷力，使學生在好的方面繼續發展，錯誤的方面漸漸減少，以期達到語文教學的目的。

（三）鼓勵兒童多觀摩：

語文能力的培養，絕非一朝一夕可達成。從小養成良好的閱讀習慣，觀摩學習作家們的用字、用詞、用句、成篇，所謂「耳濡目染」、「日積月累」的工夫，在許多的研究論文或坊間的寫作專家都曾提過這一點，並有所建議。吳憲昌（2003）、林怡伶（2008）、薛奕龍（2006）、高維貞（2006）、吳敏而（1998）、陳正治（1996），唯有多讀、多寫、老師多指導，學生多自我成長，病句才可能得到改善。

從學生寫作活動的角度來看，認為可得到許多好處，例如：1、可以熟悉文字的用法，作為學習其他學科的基礎。2、可以培養發表能力，流暢的抒發情感思想，悟得做人做事的道理，提出個人看法，傳遞各種訊息。3、可以訓練 並增進觀察、閱讀、感受、想像、分析或綜合的能力等等 。（羅秋昭，1996）

既然多寫可以增進語文能力，我們為什麼還不行動？

三、對未來相關研究的建議

　　本研究因研究者的時間與才學有限，未能在病句分析上，理出更完善的架構，期望有志之士提供更好的教學策略，改善學生作文病句的現象。因為研究者對病句的解讀與作者寫作的當下會有距離，所以無法完全準確的解析學生作文中的病句，例如：兒童因為斷句造成解讀上的困難及錯誤，可能在分析時誤解了學生想表達的意思。

　　未來有意做病句研究的夥伴，建議從習作中去截取病句，或由造句練習中取樣，避免掉段落、篇章所造成的章法謀篇技巧的問題。把問題再縮小，讓研究句子單純的只在句子的部分，而不涉及更複雜的斷句或銜接的問題。

　　本研究作的是高年級四個班，看起來樣本似乎很小，但病句的判斷造成很大的困擾，即便是研究者邀請的雲林縣語文領域的輔導員，也深為病句的抽絲剝繭所苦，所以建議有志者不妨將研究對象放在縱向的部分，也就是一到六年級中的那個階段，只取一班，以造句為主，比較出年級直向的教學上，在那個環節或銜接出現的問題最大。另外，要提到的是，詩的語言在語法上是個例外，不宜以詩句作為病句的探討對象。

　　研究的目的不外乎是想提升學生的語文能力，或想知道教學的問題，得到解決的方法，而影響學生作文病句的原因很多，家庭的語文環境、學校的教育、社會的價值觀、學生的心理、生理因素在在都得留意。如果能讓學生更容易掌握語言的規律，有微薄的貢獻，就很值得了。但願本研究的探討，能引起教師夥伴的共鳴，體認造句教學的重要，釐清不正確的教學觀念，從今起以

嶄新、有效的教學策略來指導學生，由基本能力的培養做起，細心、耐心而有計畫的來誘導學生，相信「曾經努力過的，汗水不會白流」，希望多數國中小學生都因為我們的努力，能更正確純熟的駕馭文字，寫出簡潔優美的文章。

四、餘絮：

值得欣慰的是，去年第一次恢復基測加考作文要記分，到今年媒體所報導 2008 年的基測結果，整體的寫作能力已經稍有提升：

> 擔任三年基測寫作測驗核心閱卷委員的臺師大中文系教授李清筠觀察，這幾年下來，已經可以看出考生的寫作能力有明顯進步，連要找一兩級分的低分樣卷，都不好找。今年在國文寫作測驗中有三千多人拿到了六級分的滿分， 比例佔了整體考生比例約 2.0%，令人眼睛為之一亮。（陳映竹，2008）
>
> 二次基測作文成績和第一次基測相較，考生平均進步零點零八級分，約三萬名考生成績進步，尤其從四級分進步到五級分，五級分進步到六級分考生明顯增加，主要跟第二次題目「那一刻，真美」比第一次基測「當一天的老師」題目好發揮有關。就她多年閱卷經驗，覺得學生作文程度進步了。（同上）

這也許是考試領導教學的結果。但只要能提升國內學生的語文素質，讓孩子在他們未來的世界舞臺上，具有競爭力，才是最重要的，不是嗎？

參考文獻

一、專書部分：

孔穎達（1982），《禮記正義》，十三經注疏本，臺北：藝文。

牟文正、侯修圃（1993），《作文常見病》，臺北：人類。

江秀芬（1990），《可愛的作文園地》，臺南：光田。

江惜美（1988），〈漫談作文教學〉，載於《作文教學論叢》，臺北：臺北市政府教育局、臺北市國語推行委員會。

朱德熙（1982），《語法講義》，北京：商務。

宋玉英（1988），〈提高作文程度最根本的方法〉，載於《作文教學論叢》，臺北：臺北市政府教育局、臺北市國語推行委員會。

呂叔湘、朱德熙（2002），《語法修辭講話（二版）》，瀋陽：遼寧教育。

余光雄（1995）《英語語言學概論》，臺北：書林。

吳發珩（1993），《當代語文教學法辭典》，廣西：廣西教育。

吳發珩（2001），《小學語文教學方法辭典》，呼和浩特市：內蒙古教育。

吳燈山（1997），《作文小診所》，臺北：光復。

孟建安（2000），《漢語病句修辭》，北京：中國文聯。

竺家寧（1998），《中國的語言和文字》，臺北：臺灣書店。

林瑞景（2000），《創意作文批改範例》，臺北：萬卷樓。

周慶華（2004），《語文研究法》，臺北：洪葉。

金錫謨（1995），《語病求醫》，北京：書目文獻。

范文瀾（1981），《文心雕龍注》，臺北：開明。

韋志成（1989），《語文教育原理》，湖北：武漢。

高葆泰（1981），《語法修辭六講》，銀川：寧夏人民。

孫晴峰（1991），《炒一盤作文的好菜》，臺北：東方。

陳　一（2002），《現代漢語語誤》，哈爾濱：黑龍江人民。

陳正治（1996），《全方位作文技巧》，臺北：國語日報。

陳宛非（2007），《國語科教學指引》，臺北：翰林。

陳偉超、溫阜敏（1996），《作文導學》，廣東：廣東高等教育。

陳偉超、溫阜敏（1996），《加強學生作文能力的培養》，廣東：廣東高等教育。

陳義男（1988）〈作文程度低落的原因〉，載於《作文教學論叢》。臺北：臺北
　　市政府教育局、臺北市國語推行委員會。

陸士楠（1993），《小學生作文病句修改 1000 例》，北京：中央民族學院。

張志公（1999），《漢語語法常識》，香港：三聯。

張清榮（1997），《巧思妙手織錦文》，臺北：幼獅。

崔希亮（2001），《試論理論語法與應用語法的介面》，香港：首屆亞太地區中
　　文教學研討工作坊。

黃永武（2002），《字句鍛鍊法》，臺北：洪範。

黃宣範譯（1999），Rodman 原著，《語言學新引》，臺北：文鶴。

黃宣範譯（2007），Rodman 原著，《語言學新引（新版）》，臺北：文鶴。

黃潔如（1978），《文法與作文》，臺北：開明。

湯廷池（1992），《漢語詞法句法三集》，臺北：學生。

湯廷池（1996），《國語語法研究論集》，臺北：學生。

程美珍（2007），《漢語病句辨析九百例》，北京：華語教學。

程祥徽、田小琳（1997），《現代漢語》，臺北：書林。

董菊初（1998），《葉聖陶語文教育思想概述》，臺北：開明。

葉聖陶（1998），《怎樣寫作》，香港：三聯書店。

蔡謀芳（1996），《表達的技術》，臺北：文津。

閻銀夫（1994），《作文技法通鑑》，臺北：建宏。

賴慶雄（1999），《作文強化訓練》，臺北：螢火蟲。

饒杰騰、王問漁（1999），《中學語文卷》，北京：首都師範大學。

羅秋昭（1996），《國小語文科教材教法》，臺北：五南圖書。

二、學位論文部分：

吳憲昌（2003），《臺中縣國小六年級學童家庭語文環境、閱讀行為與心得寫
　　作之相關研究》，國立臺中師範學院語文教育學系碩士論文（未出版）。

林怡伶（2008），《國小低年級學童病句分析》，國立臺東大學語文教育研究
　　所碩士論文（未出版）。

林綠芬（2004），《國小國語文複句中關聯詞語的教學——以九年一貫課程第
　　一階段教材為例》，國立師範學院臺灣語言與語文教學碩士論文（未出
　　版）。

胡倩華（2006），《偏誤分析與國中作文教學個案研究》，國立中山大學中國
　　語文學系（暑期專班）碩士論文（未出版）。

高維貞（2006），《國小中年級學生造句練習及寫作病句之分析——以臺中縣
　　太平市國小為例》，國立臺中教育大學語文教育學系碩士論文（未出版）。

孫碧霞（2005），《國小高年級學童國語習作語法錯誤類型研究》，國立臺中教
　　育大學語文教育學系碩士論文（未出版）。

曾雅文（2003），《國中學生作文病句研究》，國立高雄師範大學國文教學碩
　　士班碩士論文（未出版）。

楊裕貿（1996），《臺灣省中部四縣市國小六年級學童之應用文寫作能力研
　　究》，國立臺中師範學院國民教育研究所碩士論文（未出版）。

廖灝翔（2001），《現代漢語「像」詞之語法結構、語義分析與教學語法》，國
　　立臺灣師範大學華語文教學碩士論文（未出版）。

鄭世杰（2006），《國小高年級學生寫作困難之調查研究——以石岡、東勢兩
　　鄉鎮為例》，國立嘉義大學國民教育研究所碩士論文（未出版）。

鄭培秀（2005），《成語語法分析及其教學策略研究》，國立中山大學中國文學
　　系碩士論文（未出版）。

薛奕龍（2006），《網路語言對國小作文的影響──以金門縣六年級學童為
　　例》，銘傳大學應用中國文學研究所碩士論文（未出版）。

三、研討會論文部分：

陳光明（2007），〈國語教科書中病句的類型〉，慈濟大學主辦「第一屆語文教
　　學學術研討會」論文。
陳曼嫻（2000），〈綜藝節目主持人用語對青少年流行用語的影響〉，輔仁大學
　　主辦「第三屆媒介與環境研討會」論文。

四、辭書部分：

呂叔湘（1983），《現代漢語八百詞》，香港：商務。
呂叔湘（2005），《現代漢語辭典》，北京：商務。
張康壽、林杏光（1984），《現代漢語實詞搭配詞典》，北京：商務。
梅家駒（1999），《現代漢語搭配詞典》，上海：漢語大詞典。
劉月華、潘文娛、故韡（2001），《實用現代漢語語法》，北京：商務。
劉月華、潘文娛、故韡（2002），《實用現代漢語語法》，臺北：師大書苑。
鄭懷德、孟慶海（2004），《漢詞形容詞用法詞典》，北京：商務。
國語日報出版中心（2006），《國語日報學生字典》，臺北：國語日報。

五、期刊、報章部分：

何萬貫（2006），〈中學中文教師判別、描述和修正作文語誤的能力〉，《教育
　　學報》，34，116-131。
周祝瑛（2006），〈加強國語文教育刻不容緩〉，《師友月刊》，464，34-35。
張大春（2005），〈快樂學習　拖垮台灣中文程度〉，《今週刊》，465，20-22。
陳美岑（2005.11.16），〈潤飾文筆，增添文采〉，《聯合報》C8 版。

陳映竹（2008.6.5），〈基測作文閱卷老師：寫作能力提升了〉，《中廣新聞》。

賓靜蓀（2007），〈寫作，開啟思考力大門〉，《天下雜誌》「教出寫作力」專刊。

劉力仁、林曉雲（2008.7.23），〈作文 3557 人滿級分 3 萬人進步〉，《自由時報電子報》。

王彩鸝（2007.6.5），〈「冷氣吹得我油盡燈枯」老師傻眼〉，《聯合新聞網》。

《陳秋雲》（2007.8.1），〈學生錯字、老師改錯 師生錯一窩〉，《聯合新聞網》。

《聯合新聞網》（2006.1.22），〈學測國文考火星文 要考生修正〉，《中央社》。

六、網路資源部分：

Jimmy（2008），〈句子的主要成分〉，朗文中國語文補給站 http://www.yuetwah.edu.mo/studies/ITDesignCompetition/0304Chinese/7/ingre.htm#4，點閱日期：2008.6.1。

yet（2006），〈作文步驟〉，東南國中寫作園地 http://www.tnajh.ylc.edu.tw/~yst/phpArticle%202.0-big5/article.php/115

中文教育網（2008），〈術語解釋〉，中文進修閣 http://www.chineseedu.hku.hk/cmi/LanguageKnowledge/Chinese/chinese03/index.htm，點閱日期：2008. 6.1。

中文教育研究中心（2008），〈語文偏誤分析〉http://www.cmi.hku.hk/self_learning/self_index.html，點閱日期：2008.5.2。

文史通訊第三期（2008），〈病句淺析〉，中國語文及文化 http://skhlkyss.edu.hk/~lkylsk/chin/xsent.html，點閱日期：2008.6.6。

中國文化研究院（2003），〈什麼是語法〉，現代漢語語法 http://www.chiculture.net/0615/html/index.html，點閱日期：2008.6.1。

李家同（2000），〈如何寫出好作文〉，東南國中寫作園地 http://www.tnajh.ylc.edu.tw/~yst/phpArticle%202.0-big5/article.php/34，點閱日期：2008.7.3。

李殿魁主編（2000），教育部國語辭典 http://dict.concised.moe.edu.tw/main/cover/main.htm，點閱日期：2008.5.29。

林世銓（2008），〈中學生病句及其分類研究〉，中國教育曙光網 http://www.chinaschool.org/sgjt/03-0610-01.htm，點閱日期：2008.7.15。

姚德懷（2001），〈語文建設與語文教學（上）——試提出一個中文科和普通話科合一的方案〉，中文教育網 http://www.hkedcity.net/iclub_files/a/1/74/webpage/ChineseEducation/html/ChineseEducation_Content.html，點閱日期：2008.4.10。

洪醫生（2008），〈錯誤語法〉，病句醫院 http://hk.geocities.com/ap2_233/chinese/2.htm，點閱日期：2008.3.20。

張振成（2008），〈如何挽救學子作文能力〉，張振成 http://www.bctest.ntnu.edu.tw/flying/flying31-40/flying35-6.htm，點閱日期：2008.4.8。

教育部國語推行委員會（1994），重編國語詞典修訂本 http://dict.revised.moe.edu.tw/，點閱日期：2008.5.21。

彰師大國文學系（2008），〈句群〉http://www.chinese.ncue.edu.tw/grammar/group.htm，點閱日期：2008.7.25。

謝清俊（1997），〈資訊時代的一些省思〉，謝清悛 http://www.ltivs.ilc.edu.tw/library/magazine/880601.htm，點閱日期：2008.6.20。

鍵盤語言（2008）〈鍵盤語言〉，鍵盤語言 http://www.xspace.idv.tw/bo_blog/star.php，點閱日期：2008.5.30。

魏金財（1998），〈國小兒童句子學習的層次和內容〉，小魏老舖 http://microwei.idv.tw/，點閱日期：2008.6.8。

陳建民（2002），〈燦爛的中國文明〉，中國文化研究院 http://www.chiculture.net/php/sframe.php?url=/0605/html/a01/0605a01.html。

附錄一

雲林縣 T 國小學童病句類型分析表

病句分類項目		次數	分項排序	分類排序
詞語運用	詞類誤用	10	10	1 42.96%
	用詞不當	96	1	
	生造詞語	10	9	
	小計	116		
句子結構	成分殘缺不全	19	5	2 35.93%
	搭配不當	15	6	
	成分多餘	28	3	
	語序紊亂	22	4	
	句型雜糅	13	7	
	小計	97		
語意表達	歧義	6	9	3 11.48%
	句意費解	11	8	
	概念運用不當	1	13	
	判斷不恰當	2	12	
	不合邏輯	3	11	
	語意重覆	31	2	
	小計	57		
270 句				

附錄二

作文樣本題目分布的篇數統計表

	作文題目	文體	篇數
1	健康的重要（T 六甲）	說明文	29
2	我的志願（T 六乙）	記敘文	28
3	暑假生活記趣（T 五甲）	記敘文	34
4	我與寵物（T 五乙）	記敘文	32
合計			123

國家圖書館出版品預行編目

解除寫作的夢魘——小學生作文病句的診斷與補救
途徑/李麗娜著. -- 一版. -- 臺北市:
秀威資訊科技, 2008.12
　面；　公分. -- (語言文學類；AG0101 東大學術；7)
BOD 版
參考書目：面
ISBN 978-986-221-114-4(平裝)

1. 漢語教學　2. 作文　3. 寫作法　4.小學教學

523.313　　　　　　　　　　　　　　97021137

語言文學類　　AG0101

東大學術⑦

解除寫作的夢魘
——小學生作文病句的診斷與補救途徑

作　　者 / 李麗娜
發 行 人 / 宋政坤
執行編輯 / 賴敬暉
圖文排版 / 郭雅雯
封面設計 / 陳佩蓉
數位轉譯 / 徐真玉　沈裕閔
圖書銷售 / 林怡君
法律顧問 / 毛國樑　律師
出版印製 / 秀威資訊科技股份有限公司
　　　　　台北市內湖區瑞光路 583 巷 25 號 1 樓
　　　　　電話：02-2657-9211　　　傳真：02-2657-9106
　　　　　E-mail：service@showwe.com.tw
經 銷 商 / 紅螞蟻圖書有限公司
　　　　　台北市內湖區舊宗路二段 121 巷 28、32 號 4 樓
　　　　　電話：02-2795-3656　　　傳真：02-2795-4100
　　　　　http://www.e-redant.com

2008 年 12 月 BOD 一版
定價：190 元

讀　者　回　函　卡

感謝您購買本書，為提升服務品質，煩請填寫以下問卷，收到您的寶貴意見後，我們會仔細收藏記錄並回贈紀念品，謝謝！

1.您購買的書名：＿＿＿＿＿＿＿＿＿＿＿＿＿＿＿＿＿＿＿

2.您從何得知本書的消息？

　□網路書店　□部落格　□資料庫搜尋　□書訊　□電子報　□書店

　□平面媒體　□ 朋友推薦　□網站推薦 □其他＿＿＿＿＿＿

3.您對本書的評價：(請填代號　1.非常滿意 2.滿意 3.尚可 4.再改進)

　封面設計＿＿　版面編排＿＿　內容＿＿　文/譯筆＿＿　價格＿＿

4.讀完書後您覺得：

　□很有收獲　□有收獲　□收獲不多　□沒收獲

5.您會推薦本書給朋友嗎？

　□會　□不會，為什麼？＿＿＿＿＿＿＿＿＿＿＿＿＿＿＿＿＿

6.其他寶貴的意見：＿＿＿＿＿＿＿＿＿＿＿＿＿＿＿＿＿＿＿＿

＿＿＿＿＿＿＿＿＿＿＿＿＿＿＿＿＿＿＿＿＿＿＿＿＿＿＿＿＿

＿＿＿＿＿＿＿＿＿＿＿＿＿＿＿＿＿＿＿＿＿＿＿＿＿＿＿＿＿

＿＿＿＿＿＿＿＿＿＿＿＿＿＿＿＿＿＿＿＿＿＿＿＿＿＿＿＿＿

讀者基本資料

姓名：＿＿＿＿＿＿＿＿＿＿　年齡：＿＿＿＿　性別：□女 □男

聯絡電話：＿＿＿＿＿＿＿＿＿ E-mail：＿＿＿＿＿＿＿＿＿＿

地址：＿＿＿＿＿＿＿＿＿＿＿＿＿＿＿＿＿＿＿＿＿＿＿＿＿＿

學歷：□高中(含)以下　　□高中　　□專科學校　　□大學

　　　□研究所(含)以上 □其他＿＿＿＿　＿＿＿＿

職業：□製造業 □金融業 □資訊業 □軍警 □傳播業 □自由業

　　　□服務業 □公務員 □教職　□學生 □其他＿＿＿＿＿

秀威與 BOD

BOD（Books On Demand）是數位出版的大趨勢，秀威資訊率先運用 POD 數位印刷設備來生產書籍，並提供作者全程數位出版服務，致使書籍產銷零庫存，知識傳承不絕版，目前已開闢以下書系：

一、BOD 學術著作—專業論述的閱讀延伸
二、BOD 個人著作—分享生命的心路歷程
三、BOD 旅遊著作—個人深度旅遊文學創作
四、BOD 大陸學者—大陸專業學者學術出版
五、POD 獨家經銷—數位產製的代發行書籍

BOD 秀威網路書店：www.showwe.com.tw
政府出版品網路書店：www.govbooks.com.tw

永不絕版的故事・自己寫・永不休止的音符・自己唱